B. & K.

Ekkehard R. Bader

Unterwegs nach Arkadien

Glanz und Tragik der Finckensteins

Verlag Bock & Kübler

Wally Hoffmann–Bader, meiner Mutter

Mein besonderer Dank gilt meiner Frau Dorothea und meinem Sohn Karim, ohne deren Hilfe das vorliegende Buch nicht zustande gekommen wäre.

Herzlichen Dank für die freundliche Unterstützung dieses Unternehmens nicht zuletzt durch Karl Wilhelm Graf Finckenstein, Manfred Mallon, ehemaliger Bürgermeister von Alt Madlitz, Albert Burkhardt aus Berlin sowie Florian Wilke, Leiter des Städtischen Museums Fürstenwalde.

Berlin – Fürstenwalde
Satz/Gestaltung: Kathrin Steuer
Gesamtherstellung:
Verlag Bock & Kübler

ISBN 3–86155–105–5

Druck: Zakład Poligrafii ITeE, Radom, Polen

* *

Inhalt

* *

****

Vorwort

Es mag 1986 gewesen sein, als meine Frau und ich, vom nahen Oderbruch kommend, eher zufällig nach Alt Madlitz (wir nennen es künftig Madlitz) gerieten, das ein zwiespältiges Bild darbot: überwiegend putzgraue Bauernhäuser, eine Dorfstraße, deren Asphalt das grobe Pflaster darunter nur spärlich noch verbarg, und zu unserem Erstaunen ein Schloß am Rande eines Parks. Beides trostlos vernachlässigt. Insgesamt ein vergessener Winkel, kaum geeignet, Gäste anzulocken.

Der Herbst 89 brachte auch Madlitz beachtlichen Aufschwung und Karl Wilhelm Graf Finckenstein, den letzten Besitzer des hiesigen Rittergutes, in sein Heimatdorf zurück. Mittlerweile hat sich statt der einstigen Genossenschaft ein privater Agrarbetrieb profiliert, zeigen Kirche, Schloß und Park wieder frühere Anmut, verbindet den Ort eine aus Fördermitteln erneuerte Straße, sind Häuser errichtet bzw. modernisiert, Linden und Hecken gepflanzt worden, ist man dabei, im zwei Kilometer entfernten Talgrund der Alten Mühle ein Ferien–, Sport– und Freizeitdorf zu errichten. Obwohl von Arbeitslosigkeit überschattet, stimmt der bisherige Wandel durchaus zuversichtlich.

Das vorliegende Buch schildert, ohne Vollständigkeit angestrebt zu haben, markante Etappen aus Vergangenheit und Gegenwart des nahe Fürstenwalde in Ostbrandenburg gelegenen Dorfes, berichtet über Glanz und Tragik der Finckensteins, die es knapp zweihundert Jahre regierten, erinnert gleichzeitig an historisch bemerkenswerte Persönlichkeiten, Orte und Geschehnisse, mit denen sich die Lebensbahnen jener märkisch–preußischen Familie oft genug schicksalhaft verknüpften und die Madlitz in eine regionale Enge sprengendes Umfeld stellen.

Ekkehard R. Bader

Berlin, im Frühjahr 2000

****

Schloß und ehemalige Gärtnerei

Eingang zum Finckensteinschen Anwesen

****

Ein Pfingstmontag

Der im November durch die Madlitzer Feldflur kriechende Nebel hat sich längst verzogen. Ebenso der Schnee aus Dezembertagen. Als wir diesmal das märkische Dorf erreichen, strahlt, bis auf wenige Gespinste am Horizont, ein südlich–blauer Himmel, unter dem es irrsinnig nach Frühling duftet. Gegen die hier waltende schläfrige Sonntagsruhe kann selbst das Knattern eines Mopeds nichts ausrichten. Für Städter alles in allem eine Oase stiller Poesie, fernab hektischer Welten und dem üblichen Postkarten–Weihrauch.

Die alte Dorfstraße, breitgefaßt und mit Kunststeinen ausgelegt, mündet vor der ehemaligen Gutsgärtnerei in einen Kiesweg, der sich hinter dem Eingangstor zum Finckensteinschen Anwesen fortsetzt. In seiner Linkskurve bleiben wir unversehens stehen und glauben, das schönste Fleckchen Erde zu entdecken: bejahrte Kastanien im Blütenrausch vor dem Rondell am Schloß. Auf seiner Terrassenseite der Landschaftspark, ein nach Jahrzehnten schleichenden Verfalls erwachender Traum aus faszinierendem Wechsel von Gehölzgruppen, Sichtschneisen und Teichen.

Wo der Park, ohne eigentliche Grenzen, schon fast in die Wälder übergeht, treffen wir auf einen sanften Hügel, den "Herzberg". Hier ruht, unter einem Feldstein, Friedrich Ludwig Graf von Finckensteins Herz – gemäß der großen Kinderschar umringt von 13 Steinsitzen. 1779 mußte der vielseitig begabte Aristokrat, schuldlos in den sogenannten Müller–Arnold–Prozeß verwickelt, als neumärkischer Regierungspräsident Friedrichs II. den Hut nehmen. Wie sich zeigt, ein Glücksfall nicht nur für ihn, den Schöpfer des vermutlich ersten rein landschaftlichen Gartens in Preußen. An seinen 1772 im Finckensteinschen Palais zu Berlin geborenen ältesten Sohn Karl Friedrich Albrecht, genannt Karl, erinnert nur dessen, freilich scheiternde, Liebe zu Rahel Levin, der späteren Frau Varnhagen.

* *

Das Schloß im September 1993

Karl Wilhelm Graf Finckenstein am Herzhügel

****

Zunächst aber schreiben wir Pfingsmontag, den vierten Juni 1990. Karl Wilhelm Graf Finckenstein trifft im regennassen Madlitz ein, das er im April 1945 als junger Wehrmachtsleutnant verließ. Obgleich er sich in Aschau am Chiemsee, seiner bayrischen Wahlheimat, betreff's Madlitz informiert wähnt, stößt er links und rechts der Dorfstraße auf Realitäten, die schroff von seinem wohltemperierten Milieu abstechen: an Bauernhäusern, Scheunen und Ställen hinfälliges Mauerwerk, bröckelnder Putz, defekte Ziegeldächer. Nicht eben passabler die Wirtschaftshöfe, Maschinen– und Geräteschuppen der Landwirtschaftlichen Produktionsgenossenschaft (PG), die bereits um ihre Existenz kämpft.

Das elterliche Schloß, die Stätte seiner Kindheit und Jugend, findet Karl Wilhelm zwar bewohnt, doch ziemlich ruiniert. Der alten, mit Linden gesäumten Zufahrt haben sich Brennesseln, Löwenzahn und Sauerampfer bemächtigt, im Gelände verstreut Bretterschuppen, Gemüse– sowie Blumenbeete. Und als sei das Anwesen nicht strapaziert genug, versperrt westwärts ein häßliches Pumpwerk den einst ungehindert schweifenden Blick über die ausgedehnte Wiesenpartie. Nicht zu übersehen auch die Stümpfe abgeholzter Bäume im Park, dessen Teiche verlanden, im Schlamm zu ersticken drohen. Wildwuchs und Kräuter haben längst seine ursprüngliche Wegeführung verwischt, nur zwei von sieben Parkarchitekturen, der ionische und der dorische Tempel, entkamen als Kleintierställe den Nachkriegswirren.

Beiläufig erfährt Karl Wilhelm, daß eines Tages der südöstlich vom Schloß gelegene Dorfteich über die Ufer getreten war. Seine schmutzige Brühe gelangte allmählich bis in das Erdgeschoß des Gutshauses, durchnäßte sämtliche Räume und plätscherte auf der Parkseite wieder heraus. Statt den verstopften Abfluß, die banale Ursache des Übels, zu reinigen, ordnete die neue Gutsobrigkeit an, einen Erdwall aufzuschütten, jedoch nur an der Morgenseite des Gebäudes. Ein haarsträubender Schildbürgerstreich, wenn es nicht Bosheit war, da nunmehr die Rinnsale, ihrem notdürftigen Hindernis ausweichend, entlang der Fundamente versickerten und somit

* *

die Statik des Baues gefährdeten. Von hochsteigender Nässe im Mauerwerk abgesehen.

Finckenstein wußte, daß nach dem Kriege blindwütige Ideologie, Spitzhacke und Dynamit zahllose Adelshäuser zwischen Elbe und Oder vernichtet hatten. Die Erinnerung an sie aber war nicht auszutilgen, auch wenn sich ihre Besitzer durch die Bodenreform enteignet sahen. Dem spätbarocken Madlitzer Gutshaus blieb ein ähnliches Schicksal nur erspart, weil es Flüchtlinge aus vormals deutschen Ostgebieten und einen Kinderhort aufnehmen sollte.

Der Gartensaal 1998

****

Rasch verdarben jetzt die ehemaligen Repräsentationsräume im Parterre zu muffigen Abstellkammern und Kohlenschuppen, vergilbten Würde und Fassade jenes Adelssitzes, der gleich dem (ehemals neumärkischen) Rittergut Ziebingen ein Musenhof war und Prominenz aus Kunst und Kultur, Wissenschaft und Politik in seine Mauern führte. Madlitz rutschte, weniger als 150 Jahre nach Abschluß der Parkgestaltung um 1800, zu geistig–kultureller Belanglosigkeit ab.

Vor Karl Wilhelms Augen steigen vertraute Bilder auf: der Gartensaal mit stilvollen Möbeln und farbig bedruckten Tapeten, dem hohen Kamin, darüber das Finckensteinsche Wappen zum Reichsgrafen–Diplom, bestehend aus Halbmonden und Stern, Löwen und Grafenkronen; aus ovalen Stuckrahmen mild lächelnd Friedrich Ludwig Karl und Karoline, seine Gattin. Dazwischen Wilhelm Max Aemilius, der dritte ihrer Söhne. Links daneben Friedrich Ludwig, Erbherr auf Schloß Finckenstein, desgleichen Onkel und Tante Voß aus Berlin–Buch im Biedermeierlook. All diese Kostbarkeiten eingetaucht ins warme Licht unter einer Rokokodecke schwebender Kronleuchter.

Im Foyer Jagdtrophäen, Büsten, ein Konsolspiegel, Vasen und schließlich die sich in den zweiten Stock hinaufschwingende Treppe aus der barocken Umbauphase des Schlosses. Nirgends schien der Blick ins grüne Meer des weiten Landschaftsgartens anrührender als von hier. Und in lauen Nächten, aus rätselhafter Tiefe des Parks, mal an–, mal abschwellender Nachtigallensang.

Aufgewühlt fragt sich Finckenstein, warum die Geschichte und damit auch sein Leben nicht andere Wege genommen hat? Zuletzt schiebt er jede Irritation beiseite und spürt das erhebende Gefühl, zu Hause angekommen zu sein.

****

Mosaiksteinchen

Karl Wilhelms Erinnerungen fügen sich, Steinchen für Steinchen, zu einem Mosaikbild. 1932 stirbt unerwartet der Vater, und er, ein neunjähriger Steppke, ist von Stund an, zumindest juristisch, Eigentümer des Madlitzer Gutes. Zu Kaisers Zeiten wäre er nun Dorfpatron, aber Majestät hatte ja bereits 1918 abgedankt, und die halbfeudal gestrickte Monarchie mauserte sich, nicht ohne dramatische Geburtswehen, zur parlamentarischen Republik. Seit 1925 mit Hindenburg, dem verklärten Tannenberg–Sieger vom August 1914, als Reichspräsidenten. Noch begreift der Junge so gut wie nichts von dem, was in der näheren, geschweige denn in der fernen Welt abläuft, was sich über Deutschland im Zeichen des Hakenkreuzes zusammenbraut. Die Pflöcke für Karl Wilhelms Zukunft setzen ohnehin jetzt seine Mutter, der Vormund sowie das Internat, dessen strengem Regime er sich (gleich seinem jüngeren Bruder Hans Werner, dem Erben von Ziebingen) zu fügen hat. Ehe Karl Wilhelm das Madlitzer Gut selbst übernehmen kann, fällt am 1. September 1939 Hitlers Wehrmacht in Polen ein. Der Zweite Weltkrieg beginnt.

1941 sehen wir Finckenstein als Berufsoffizieranwärter in einem Stettiner Infanterieregiment. Getreu der Tradition vieler seiner Vorfahren, die für Preußens Glanz und Gloria gefochten haben und dabei nicht selten ihr Leben opferten. Allein im Ersten Weltkrieg waren es drei Leutnants und ein Fähnrich – keiner über 35 Jahre. Karl Wilhelm jedoch hat es nicht mehr mit altpreußischer Ehre und Moral zu tun, sondern mit nazistischem Größenwahn. Den endlich zu stoppen, verschwören sich patriotisch gesinnte Offiziere um Claus Graf Schenk von Stauffenberg. Inspiriert von den radikalen Volkserhebungsplänen seines Ahnen Gneisenau, scheint es ihm höchste Zeit, etwas zu wagen, um zunächst einen ehrenvollen Frieden für Deutschland zu ermöglichen. Allerdings müsse demjenigen, der den Tyrannenmord wage, auch klar sein, eventuell als Verräter in die deutsche Geschichte einzugehen. Unterlasse er jedoch die Tat, würde er sein Gewissen verraten.

So naht der 20. Juli 1944, ein drückend heißer Tag. In Hitlers streng abgeriegeltem Führerhauptquartier "Wolfsschanze" bei Rastenburg (Ostpreußen) explodiert die unauffällig von Stauffenberg in einer Aktentasche abgestellte Bombe. Der Stabschef des Befehlshabers des Ersatzheeres Fromm (seit 1. Juli 44) hatte sie während einer Lagebesprechung unter dem Tisch deponiert und danach, sich mit einer Finte entschuldigend, die Lagebaracke verlassen. Wenig später detonierte die Bombe, einige Offiziere wurden getötet oder schwer verletzt.

Hitler und die meisten Anwesenden kommen mit dem Schrecken und leichten Blessuren davon. Stauffenberg gelingt es inzwischen, die Sperrzonen zu passieren und, vom Tode Hitlers überzeugt, nach Berlin zu fliegen. Dort war das Stichwort "Walküre" erheblich verspätet ausgelöst worden, so daß die Meldung von Hitlers Überleben den Staatsstreich scheitern läßt. Noch am selben Abend wird Stauffenberg verhaftet, im Hof des Oberkommandos der Wehrmacht in der Bendlerstraße mit weiteren Verschwörern standrechtlich erschossen. Beteiligte wie Mitwisser sind, vor den Freislerschen "Volksgerichtshof" gezerrt, brutaler Rachejustiz ausgeliefert.

Zur gleichen Stunde versieht Leutnant Finckenstein, hunderte Kilometer östlich der Oder, seinen regulären Dienst in der Heeresgruppe Kurland. Von starken sowjetischen Streitkräften eingekesselt, ist sie ohne Nachschub und Proviant. Um nicht Kohldampf zu schieben, bleibt den Soldaten vor allem die Jagd. Auch Finckenstein, in diesem Metier geübt, schafft Wildbret heran. Das fördert Kontakte im Kreise der Kameraden. Bis hin zur militärischen Spitze, so zu Theodor Busse, General der Infanterie. Ihn trifft Finckenstein Anfang März, nachdem er fünf vor zwölf verwundet aus dem Kessel ausgeflogen worden war, in Bad Saarow wieder – als Befehlshaber der 9. Armee. Einer ihrer Verbände hat sich auf den Seelower Höhen verschanzt, um den Vormarsch der Roten Armee auf

****

Berlin wenigstens abzubremsen, denn Hitler klammert sich längst an jeden Strohhalm.

Obwohl Madlitz bereits in Frontnähe liegt, erlaubt ihm Busse, sein Heimatdorf aufzusuchen, wo er am 31. März 1945 eintrifft. Mutter und Großmutter halten sich noch im Rittergut auf, sämtliche Gebäude jedoch sind voller Flüchtlinge. Obendrein macht eine Herde Trakehner aus dem ostpreußischen Gestüt Trakehnen auf ihrem Treck nach Westen Station. (Über jene edlen Wagen– und Reitpferde schrieb einst Wilhelm von Humboldt, daß er nie so etwas Schönes an Pferdebewegungen gesehen habe.) Dazu lagern tausende Hektoliter Brennspiritus im Wirtschaftshof. Nicht auszudenken das Inferno, würde sich eine Granate hierher verirren.

Flüchtlinge, Pferde und vor allem der hochexplosive Spiritus werden, ab Fürstenwalde offenbar per Zug, rechtzeitig aus der Gefahrenzone transportiert. Ebenso verschiedene Habseligkeiten, unter denen sich, in Kisten verstaut, das Familienarchiv mit alten Parkplänen und dem Inventar der Bibliothek befindet – ein Geschenk des Zufalls. Finckensteins Mutter und drei Offiziere warten noch ab, bis auch sie, in der Nacht zum 18. April, Madlitz verlassen. Am folgenden Mittag ist auf den Seelower Höhen, von Madlitz nur etwa drei Fußstunden entfernt, die erbitterte deutsche Gegenwehr zerbrochen. Unter beiderseits entsetzlichem Blutzoll. Drei Wochen später verlischt in Europa die Brandfackel des Krieges. Leutnant Finckenstein, knapp 22jährig, kuriert in einem Tiroler Lazarett eine Verwundung aus. Seine junge Frau, die ein Kind erwartet, weiß er in Bayern in guter Obhut.

Schnell wird ihm klar, als Gutsbesitzer in Madlitz, das nun zur sowjetischen Besatzungszone gehört, keine Perspektive mehr zu haben. Daher gründet er seine Zukunft nicht auf die Forst– und Landwirtschaft, sondern absolviert in Aachen, der alten Kaiserpfalz, eine kaufmännische Lehre und studiert parallel dazu im geruhsamen Bonn Volkswirtschaft. Als ihn 1948 die Währungsreform veranlaßt, dieses Studienfach vorzeitig zu beenden, visiert er den Privatbankier als Berufsziel an.

✻✻✻✻✻✻✻✻✻✻✻✻✻✻✻✻✻✻✻✻✻✻✻✻✻✻✻✻✻✻✻✻

In Hamburg nimmt Finckenstein eine Lehre als Bankkaufmann auf und ist danach im Bankhaus Münchmeyer tätig. Nächste Stationen sind das Kölner Bankhaus Oppenheim sowie das Essener Bankhaus Burkhardt – alles renommierte Geldinstitute in der sich etablierenden Bundesrepublik. Im letztgenannten arbeitet er sich zum Generalbevollmächtigten empor und wird schließlich Partner. Ein Vertrauensbonus für den jungen Finckenstein, der später als Verhandlungsführer die Fusion mit Trinkaus, einer Düsseldorfer Privatbank, erfolgreich bewerkstelligt. 1974 ist er Seniorpartner von Trinkaus und Burkhardt.

Mit knapp 60 Jahren zieht sich Finckenstein aus dem aktiven Berufsleben zurück, an den Chiemsee, das Bayerische Meer. Doch wer es gewohnt ist, sich unablässig auszuprobieren, der beharrt im Unruhestand. Materiell sorgenfrei und erlöst von Zwängen, die ein "Geldberuf" fordert, kann er jetzt nach seiner Fasson leben, was für ihn heißt, sich auch Vorhaben zu widmen, die auf Gemeinnützigkeit zielen. Die Einrichtung einer Spezialklinik in Bayern, in der an Skoliose erkrankte Patienten betreut werden, oder die Gründung der Privatuniversität Herdecke sind zwei Beispiele dafür.

Der wohl größten Herausforderung seines Lebens steht er im November 1989 gegenüber, als die Berliner Mauer fällt und damit im Osten Deutschlands u.a. jede politisch motivierte Behinderung der Reisefreiheit aufgehoben wird. Wenige Monate später ist Finckenstein unterwegs nach Madlitz, das ihm, trotz berechtigter Skepsis, jemals wieder einen Fuß dorthin setzen zu dürfen, stets Heimat geblieben ist. Der weitgezogene Kreis aus Finanzmanagement und in Jahrhunderten gewachsener Tradition märkisch–preußischen Grundbesitzes schließt sich.

****

Blaues Blut

Für Hilde Hahn, Tochter des Finckensteinschen Kutschers und aus dem neumärkischen Ziebingen gebürtig, stellt sich am 4. Juni 1990 unerwarteter Besuch ein. "Karl Wilhelm!" entfährt es der verblüfften Frau, als sie einem stattlichen Herrn die Tür öffnet. "Bist du's wirklich?" Der quicklebendige Graf tritt wie aus einer schon versunken geglaubten Epoche in ihre bescheidene Bleibe, und als müsse sie sich an die einstige Vertrautheit erst wieder gewöhnen, fragt sie skeptisch: "Weiß man's denn, ob ich dich überhaupt noch so anreden darf, ob du's überhaupt noch so willst?" Ihre Gedanken schweifen in jene Tage, da sich der Erbe aus altem märkisch–preußischem Adel und die Kutscherstochter einander duzten.

"Es bleibt beim Du!" erwidert Karl Wilhelm augenzwinkernd und macht es sich bequem auf dem angebotenen Stuhl. Während der Regen nachläßt, kramen sie, behaglich den improvisierten Kaffee schlürfend, in grauen Zeiten wie in den Schubfächern einer wurmstichigen Kommode. Ein Film, rissig und flimmernd, spult sich ab: Karl Wilhelm, der gräfliche Sproß, sitzt am roh gezimmerten Küchentisch der Kutschersfrau und schlägt sich den Bauch voll mit Bratkartoffeln. In seinem Mordsappetit verdrückt er gleich noch eine zweite Portion. Hildchen, den Mund staunend geöffnet, schielt erst zu Karl Wilhelm, dann zur Mutter, die andächtig vor sich hin blickt. Ihm schmeckt's. Wie neulich. Eine der zahllosen Hedwig Courths–Mahler–Stories könnte hier ihren Anfang nehmen.

Finckenstein vergißt auch nicht, an die Pforte der wichtigsten Amtsperson im Dorf, des Bürgermeisters, zu klopfen, bevor er wieder in Richtung Berlin aufbricht. Manfred Mallon, seit 1987 Gemeindevorsteher und bar jeden Umgangs mit "Blaublütigen", entschlüpft in der Abgeschirmtheit seiner vier Wände jener legendär gewordene Satz: "Herr Graf, wir haben auf Sie gewartet!" Und verdutzt den adligen Privatban-

****

kier aus dem Westen als überaus belesen in puncto Sorgen und Probleme seines Dorfes.

Aus Hinterpommern, jenseits der Oder, stammend, scheint der Mittfünfziger die Grundstücke samt darauf Wohnender komplett mit Name und Adresse gespeichert zu haben. Nicht unwichtig für den Grafen, der bereit ist, frischen Wind in dieses Nest, wo sich anscheinend noch Fuchs und Hase Gute Nacht sagen, entfachen zu helfen. Drei Stunden währt das gegenseitige Abtasten und Befragen, doch über die heikle Situation im Dorf driften beide Herren nur wenig auseinander. Er wolle, so der Graf, seinem Heimatdorf, mit dem er sich immer verbunden gefühlt habe, unter die Arme greifen. Freilich nur, wenn man es möchte. Damit ist vorerst das Wichtigste beredet.

Kaum ist Finckenstein wieder in Aschau, da flattert auf seinen Schreibsekretär ein Brief Mallons, in dem dieser drängt, die zugesagte Hilfe einzulösen. Möglichst bald, denn es dürfe, wie er meint, keine fruchtlose Zeit verstreichen. Ohne zu zögern und präzise Pläne im Gepäck, steuert Finckenstein erneut Madlitz an, um hier, im Bannkreis seiner Väter, "Neuland untern Pflug" zu nehmen. Für einen Pensionär, der auf die 70 zugeht, wahrlich kein Pappenstiel.

Jene obigen, einem Notruf ähnelnden Worten richtet "Monsieur Mallon", Nachfahre hugenottischer Refugies, nochmals an den Grafen. Diesmal vor surrender Kamera. Er gibt zu verstehen, daß Madlitz endlich aus seinem Dornröschenschlaf wachgerüttelt werden müsse, und schafft es, den schon zu lange stiefmütterlich behandelten Flecken ins Visier der Medien zu rücken, so daß im September 1993 auch Manfred Stolpe dem Ort landesväterliche Reverenz erweist. Mallon, indessen an Emissäre gewöhnt, bietet dem Politstar aus Potsdam sowie handverlesenen Gästen einen Exkurs über Madlitz – und hofft auf Gefälligkeiten, genauer gesagt, auf weitere Fördermittel für das 350–Seelen–Dorf. Denn noch ist erhebliche Arbeit notwendig, um es dauerhaft auf die Beine zu stellen.

****

51000 Taler für ein Rittergut

Madlitz, auf der Lebuser Hochfläche liegend, ist eine im 13. Jahrhundert gegründete altslawische Siedlung. Damals zum Kreis Lebus zählend, heute zum Oder–Spree–Kreis, wird es 1373 als "Modelicz", was vermutlich soviel wie "Betort" oder "Heiliger Ort" bedeutet, erstmals erwähnt, als der Bischof sowie das Lebuser Domkapitel den See Modelicz einem Rittergeschlecht von Wulkow abkaufen. Lehnsherren sind Markgrafen und Kurfürsten. Im Schoßregister von 1460 ist das Dorf mit 64 Hufen ausgewiesen, von welchen 4 dem Pfarrer und 4 dem Richter zustehen. 1491 gehört Madlitz der Frankfurter Viadrina und dem Kanzler Dr. Kettwig, der es um 1550 an die Brüder Wulffen abgibt. Diese werden nach dem Tode des Bischofs Johann 1556 neben anderen Gütern mit dem Straßendorf Madlitz belehnt. Samt Vorwerken und Schäferei.

Als sich 1648 die Rauchschwaden des 30jährigen Kriegsgetöses verziehen, steht Madlitz, wie so viele Flecken der Mark, vor dem Ruin, ist ein entblößtes, gottverlassenes Nest, in dem nur noch ein Bauer haust. Wohin man blickt, wüstes Land, unbestellter Acker, leere Weiden. Rund hundert Jahre später, am 6. Juli 1751, veräußern die Wulffens das Rittergut nebst den Anteilen von Kersdorf an den Geheimen Kabinettsminister Reichsgraf Karl Wilhelm Finck von Finckenstein und dessen Schwiegermutter Sophie Charlotte von Finckenstein–Gilgenburg.

Gewiß eine Zäsur für Madlitz, das eingerechnet zweier Vorwerke, zweier Forsthäuser und der Wassermühle hundert Einwohner zählen mag. Kossäten vor allem, einen Müller, einen Schmied, einen Fischer sowie einen Stellmacher. Häufig zusammengepfercht in viel zu engen und niedrigen Katen, deren fensterlose Küchen von den offenen Feuerstellen arg verrußt sind.

Jener 6. Juli 1751 könnte folgendermaßen abgelaufen sein:

Karl Wilhelm Graf Finck von Finckenstein (1714–1800)

* *

Von der Berliner Straße her, also nördlich des Dorfes, nähern sich zwei Kutschen dem Rittersitz der Wulffens. Die Fahrt, wohl eher eine Tortour, endet im gepflasterten Hof des 1551 als "Festes Haus" errichteten Baues, der, durch Graben und Erdwall vom übrigen Terrain getrennt, wie auf einer Insel kauert. Während sich die Wulffenschen Brüder zur Ankunft der noblen Gäste vor der Brücke eingefunden haben, verneigt sich ehrfürchtig das Gesinde, bereit, Anweisungen der Herrschaft auszuführen.

Zunächst entsteigt der ersten, wappenverzierten Kutsche, in reich bestícktem Gehrock und schwarzen Lackschuhen, ein schlanker Herr, dessen weißgepuderte Perücke von einem Dreispitz bedeckt wird. Ihm folgt eine ältere, schon zur Fülle neigende Dame, die sich, in ihr rüschenverziertes Kleid eingezwängt, um Haltung bemüht und pausenlos frische Luft zufächelt. Zehn preußische Meilen (ungefähr 75 Kilometer) durch die Streusandbüchse des Heiligen Römischen Reiches Deutscher Nation zermürben weit robustere Naturen. Bei den Insassen des zweiten Wagens scheint es sich, der Garderobe nach zu urteilen, um Kammerdiener und Zofen zu handeln.

Das Wulffensche Domizil gleicht einer antiquierten Drohkulisse aus Hauptgebäude mit hohem Dach, drei Türmen und östlich hervortretendem Seitenflügel, der mit dem Hauptgebäude durch einen Küchentrakt vereint ist. Friedrichs Kabinettsminister dankt für den, wie er sagt, herzlichen Empfang, indem er den Dreispitz andeutungsweise lüftet. Reicht dann seiner Schwiegermutter galant den Arm, und während beide, gefolgt von den Wulffens, gravitätisch auf das Portal der Wehranlage zuschreiten, flüstert Finckenstein unmerklich der Schwiegermutter etwas zu, worauf sich beide den Anflug eines Lächelns nicht verkneifen können. Sie jedenfalls verkehren seit Jahr und Tag in königlichen Schlössern, sind also Besseres gewöhnt. Der Reichsgraf ist fest entschlossen, die sich ihren Augen bietende Tristesse sobald wie möglich zu kultivieren.

Außer Finckenstein und seiner Schwiegermutter haben sich im Gartensaal, der zur Parkseite liegt, drei der fünf Wulffenschen Brüder eingefunden. Desgleichen der Notar, ein korpulenter Herr mit schnabelartiger Nase, der eben den Sprungdeckel seiner goldenen Taschenuhr aufklappt, als wolle er damit andeuten, man könne jetzt beginnen, den Paragraphenwust durchzublättern. Was ja ohnehin dauern werde. Und demgemäß schleppen sich die Formalitäten hin, bis auch die letzten Hürden geschafft sind. Nachdem die Vertragspartner das Geschäft endlich noch mit "angebohrenen Signeten besiegelt" haben, ist alles unter Dach und Fach.

Die Nonchalance mag täuschen, mit der die gräflichen Käufer den Betrag hinblättern, den auch sie nicht einfach aus dem Ärmel schütteln können. Doch "hiegegen haben Käufere gemäß der beym Cammergerichte ergangenen Prioritätssentenz und nach mehreren Inhalt derselben denen Herren Verkäufern dato allhier in Madlitz die gantze übrige Kaufsumme der einundfunfzig tausend achthundert Thaler in Friedrichs–d'or a 5 Reichsthaler baar und wirklich ausgezahlet, worüber die Herren venditores und derselben Bevollmächtigte den Herrn Käufer und die Frau Käuferin in bündigste Form Rechtens unter Verzicht der Ausflucht des nicht gezahlten oder nicht empfangenen Kaufschillings hiemit quam solennissime quitiren, anbey sich alles fernern An–und Zuspruchs an dem verkauften Guthe und deßen Pertinenzien für sich und ihre künftigen Erben feyerlich begeben...." 1750 trägt in Berlin ein Lohnarbeiter jährlich 48 Taler und 8 Pfennige nach Hause. Für einen Groschen gibt es ein dreipfündiges Brot oder eine Kanne dünnen Bieres und seit Luther pro Taler 24 Groschen.

Nach der ermüdenden Aktenkrämerei bitten nun die Wulffens (wer würde sich vor einem Minister schon lumpen lassen?) zur Tafel. Und obwohl die Sonne dem Raum genügend Helligkeit spendet, zünden livrierte Diener Kerzen an, um dem Vorgang eine besonders feierliche Note zu geben. Danach kredenzt man Fleisch– und Fischpasteten, erlesene Weine sowie Konfekt. Ein Bläserquintett, im Hintergrund auf einem Podest stehend, spielt verhalten italienische Divertimenti. "A' la bonne heure!" tönt ein Baß. Man bedient sich Sprache und Sitten der Grande Nation.

****

Bonmots und Artigkeiten werden ausgetauscht, Klatsch und Tratsch jedoch gemieden. Mit Blick auf den Kabinettsminister, der, in seinem diskreten Wesen unerschütterlich, selbst den Anschein, Geheimnisträger zu sein, strikt meidet. Man erhebt jetzt das Glas auf die Gesundheit des Königs, dessen angebeteter Geistesfreund Voltaire seit Juli 1750 in Sanssouci weilt. Als würde ihr formvollendeter Briefwechsel aus Rheinsberger Tagen in Friedrichs Männerklause mündlich fortgesetzt, debattieren der berühmteste philosophische Kopf Frankreichs und der wohl berühmteste Monarch deutscher Zunge über eine grenzenlose Fülle an Themen.

Schon 1752 wird Finckenstein den quadratischen "Kasten" der Wulffens modernisieren, also barock umformen, indem er den vorspringenden Seitenflügel und jene drei Türme abreißen das Haupthaus aufstocken und gen Osten zu fünf Achsen erweitern läßt. Mit einem statt des Treppenturms brillant eingefügten Treppenhaus, das, inzwischen meisterhaft renoviert, noch vorhanden ist. 1776 ersetzt man den Küchentrakt durch einen fünfachsigen Nordanbau, dessen Dachstuhl 1936 zu einem Mansarddach verändert wird (während der Renovierung des Gesamtbaues auf den ursprünglichen Zustand zurückgeführt). Nur den Keller mit seinem Tonnengewölbe und aufgehendem Mauerwerk von 2,50 Meter Stärke beläßt man im Original.

Die Finckensteins sind unwiderruflich in der Mark Brandenburg vor Anker gegangen, freilich auf noch wenig fruchtbarem Boden. Als 1753 eine Heuschreckenplage die Ernte vieler Landwirte ernsthaft bedroht, hilft Friedrich II. dem Kabinettsminister "wegen erlittenen Sachschadens auf seinem (Madlitzer) Gut" mit einem 3000–Taler–Scheck aus der Bredouille. Es zahlt sich aus, einen König zum Freund zu haben. 1776 gründet Sohn Friedrich Ludwig Karl die Landarbeiterkolonie Neu Madlitz (seit 1977 Ortsteil von Alt Madlitz), worauf sein Heimatdorf, von Amts wegen, den Namen Alt Madlitz erhält, der jedoch bis heute selten im Gebrauch ist. Jede der 18 angesiedelten Familien bekommt sechseinhalb Morgen Acker zugewiesen.

Friedrich II. und Voltaire in Sanssouci

* *

Im Dunstkreis der Macht

In welchem Sprengel des Heiligen Römischen Reiches Deutscher Nation die Quelle der Finckensteins zuerst sprudelt, wann dieses Rittergeschlecht ans Licht der Öffentlichkeit tritt, um sich am Fortschritt Brandenburgs bis zur europäischen Großmacht unter Friedrich II. (dem Alten Fritz) so eindrucksvoll zu bewähren, wird in seiner feinsten Verästelung wohl nicht mehr aufzuhellen sein. 1451 bezeugt ein Schriftstück erstmals ihren Namen, da sitzt auf Brandenburgs Kurfürstenstuhl der melancholische Friedrich II., ein Hohenzoller, der in seiner bisher elfjährigen Herrschaft wenig Fortüne hatte bei der Abwehr angrenzender Slawenmächte und in seiner Hingabe für den Deutschen Orden im entlegenen Preußen. Michel Fincke, Trauergast am Leichenbegängnis eines im Streit vom Ordensvogt in Soldau (Stadt im vormaligen preußischen Regierungsbezirk Königsberg) getöteten Junkers, scheint der erste des Namens Finck zu sein, der als ein nahe bei Soldau lebender Edelmann im Preußischen verbürgt ist.

Aktenkundig zwar nicht belegt, aber im Reichsgrafen–Diplom des Kaisers vermerkt, waren die Finckensteins, deren Urväter aus Kärnten, Tirol oder Bayern stammten, im 13. Jahrhundert mit den Rittern des deutschen Ordens nach Nordosten gezogen, um die heidnischen Pruzzen bekehren, sprich unterwerfen zu helfen. (Ein Konrad Finckenstein soll im 15. Jahrhundert mit hundert Rittern für den Orden ins Feld geeilt sein, sich dann in Preußen niedergelassen und den Ruhm seiner Familie begründet haben.)

Nach dem Verfall der Ordensherrschaft, die am 15. Juli 1410 in der Schlacht bei Tannenberg von den polnischen Untertanen eine furchtbare Niederlage erlitten hatte, gelangte die in mehrere Linien zerfallende Adelssippe im südwestlichen Landesteil, zwischen Neidenburg, Osterode, Gilgenburg und Marienburg, zu ansehnlichem Grundbesitz. Einige Sprosse davon kamen im 18. Jahrhundert an Oder und Spree, wo sie

****

Preußen, wie auch schon den Großen Kurfürsten, mit Staatsbeamten, Offizieren und Landwirten versorgten.

Bereits 1451 spaltet sich die Familie Finckenstein in zwei Linien, in die "von roggenhusen" und die "vom seewalde". Zum vermögenderen Zweig entfaltet sich letztgenannte, auf die sich unsere Finckensteins berufen und deren Kindeskinder um 1648 in der Mark Tritt fassen – erstmals mit der Bezeichnung "von Finckenstein" statt "vom seewalde". Außer den Dohnas, die im 12. Jahrhundert mit dem sächsischen Burggrafentum Dohna belehnt wurden und sich später in Schlesien, der Lausitz und Preußen einbürgern, rechnen die Finckensteins jetzt zu den begütertsten Familien des Landes. Und mit Ernst Finck von Finckenstein (1633 bis 1717) gelangt der erste Vertreter ihres Geschlechtes als Generaladjutant des Großen Kurfürsten in den Dunstkreis der Macht.

Das Bravourstück aller bisherigen Finckensteins gelingt Albrecht Konrad. Bevor er am 30. Oktober 1660 in der Hütte eines Bauern im preußischen Saberau den ersten Schrei ausstößt, rafft seinen Vater, Kammerherr des Großen Kurfürsten, die Pest dahin. Mitsamt der Familie hatte er seinen Wohnsitz, das Amtsschloß zu Neidenburg, verlassen und war eben vor jener tückischen Krankheit aufs Land geflohen. Zu allem Leid stirbt drei Jahre später auch die Mutter. Verwandte sorgen für den Jungen, der 1676 seinen ältesten Bruder, einen Offizier in niederländischen Diensten, nach Brüssel begleitet.

Dort schließt sich Albrecht Konrad als Freiwilliger dem Heer Wilhelms III. von Oranien an, das den Truppen Ludwigs XIV. Paroli bieten will. Mit über 2000 Kameraden muß er jedoch 1677 vor den Franzosen die Waffen strecken, wird bis auf Hemd und Beinkleider ausgeplündert und in den Kerker geworfen. Als er endlich ins Freie darf, ist er der frischen Luft derart entwöhnt, daß er in Ohnmacht fällt und zur Ader gelassen werden muß. Um die Schmach jener unwürdigen Haft abzuschütteln, läßt er sich für ein im spanischen Katalonien stationiertes französisches Regiment anwerben und nutzt jede freie Minute, sich im rauhen Kriegshandwerk fortzubilden. Überlebenstrick und stabiles Fundament künftigen

* *

Ruhmes im aufstrebenden Preußen. Drei Jahre leistet er den harten Dienst eines gemeinen Soldaten, bevor ihn das ersehnte Fähnrichs–Patent schmückt. Lehrjahre sind eben keine Herrenjahre! Friedrich II. hat auf diese schwer errungene Beförderung des späteren Feldmarschalls, dessen Zögling er war, in einem Gedicht hingewiesen:

So ließ sich Finck den Mut im Kriege stählen

und hat der Helden Lehrzeit durchgemacht.

1689 verabschiedet sich Finckenstein, weil Ludwig, zunehmend aggressiver nach deutschen Territorien schielend, Brandenburg–Preußens Gegner wird und den Kampf um die Pfalz auslöst, das Stammland seiner Schwägerin Elisabeth Charlotte (Liselotte von der Pfalz). Albrecht Konrad, der seine preußische Heimat gefährdet sieht, verdingt sich im gleichen Jahr als Major unter brandenburgischer Flagge. Da ruhen die Gebeine des Großen Kurfürsten, der 1675 bei Fehrbellin mit entscheidender Hilfe des alten Derfflinger die Schweden das Fürchten gelehrt hatte, schon im Berliner Dom. Statt seiner trägt Sohn Friedrich III., der sich durch eine "Selbsterhöhung" ab 18. Januar 1701 Preußens erster König nennen darf, Hermelin und Zepter.

Bald sehen wir Finckenstein als Oberstleutnant, nach weiteren Feldzügen 1694 als Oberst. Kaum ist am 20. September 1697 der Ryswijker Frieden zwischen Frankreich, den Niederlanden, England und Spanien geschlossen (Deutschland tritt ihm am 30. Oktober bei), übersiedelt er nach Berlin, eine am Ende des 17. Jahrhunderts noch provinziell anmutende Residenz.

Königin Sophie Charlotte im Gespräch mit G. W. Leibniz, im Hintergrund das nach ihr benannte Schloß Charlottenburg

****

Ein Universalgenie im Bibliotheksrock

Sophie Charlotte, die intelligente und schöne Kurfürstin, die auf vielen Gebieten dilettiert, bittet mit Gottfried Wilhelm Leibniz einen der geistreichsten Männer jener Zeit nach Berlin, der etwas Welt an die Ufer der Spree zu bringen verspricht, mit dem es eine Lust sein wird, zu debattieren und zu streiten. Der Hagestolz kennt die Landesmutter noch als kluges Mädchen am Hofe ihres Vaters, des Kurfürsten Ernst August von Braunschweig–Lüneburg, dem er als Ratgeber und Bibliothekar dient. Ein Universalgenie im Bibliotheksrock!

Leibniz läßt die "schönste und klügste Frau Europas", wie er sie einmal genannt hat, und Berlin nicht lange auf sich warten. Seine philosophischen Gespräche mit Sophie Charlotte in Lietzenburg haben u.a. zur Folge, daß Kurfürst Friedrich III. zustimmt, im März 1700 die "Societät der Wissenschaften" mit Leibniz als ihrem ersten Präsidenten ins Leben zu rufen. Man könnte es einen Gründungsakt der Berliner Frühaufklärung nennen.

Es sind kühne, wohldurchdachte Ideen, die Leibniz realisieren möchte. Ihm geht es um das Glück der Menschen, das seiner Meinung nach in Tugend und Weisheit bestehe, und nicht zuletzt um die Reinheit der deutschen Sprache. Immerhin: Friedrich I. bleibt, bei aller Schwäche für französische Sitten und Gebräuche, am Berliner Hof der einzige, der seinen Briefwechsel in deutsch erledigt. Das ist auch schon alles, was Friedrich Wilhelm, der Sohn, sieht man von dem "Tabakskollegium" ab, bewußt vom Vater übernimmt. Doch es ist, auch aktenkundig, ein plumpes, mit vielen französischen Wörtern gespicktes Deutsch, weil der Kronprinz eher Dienern, Soldaten und Korporälen aufs Maul schaut als den Damen und Herren vom Hof.

****

Fünf Jahre später sieht Sophie Charlotte, während einer Reise in ihre hannöversche Heimat, mit erst 37 Jahren ihrem Tod entgegen, gefaßt und neugierig. "Ich gehe", so schreibt sie Leibniz, dem Freund, "um einen Blick hinter den Vorhang zu werfen." Und Leibniz, tief bewegt vom Tod seiner noch jungen Gönnerin, schreibt, er habe eine der größten Glückseligkeiten von der Welt verloren.

Mit seinen in Frankreich erworbenen vorzüglichen Manieren und feiner Bildung gehört Finckenstein zum Kreise der Kurfürstin, ist dort ein gern gesehener Kavalier, den auch die Höflinge respektieren, nicht zuletzt wegen seiner militärischen Verdienste. Der ritterliche Soldat ist bereits vierzig, als er die von Sophie Charlotte begünstigte Hofdame Susanna Magdalena, 24jährig und Tochter des Hessen–Kasselschen Oberhofmarschalls von Hoff, zur Braut erwählt. Das Herrscherpaar übernimmt es selbst, am 5. Mai 1700 im damals noch unvollendeten Berliner Stadtschloß (Andreas Schlüter wird es zum bedeutendsten Barockbau nördlich der Alpen formen) die Hochzeitsfeier auszurichten. Eine höchst selten gewährte Ehre.

****

Preußen als Juniorpartner

Der Tod Karls II., des kinderlosen letzten Habsburgers in Spanien, ruft Europas Potentaten auf den Plan, die 1701 den Spanischen Erbfolgekrieg vom Zaune brechen. Frankreich, Österreich und England spielen in diesem Wettlauf um die Hegemonie auf dem alten Kontinent die erste Geige, aber mitzumischen übt sich auch das gerade aus der Taufe gehobene Königreich Preußen – als Juniorpartner Englands und Österreichs. Im Heereskontingent, das Berlin an den Niederrhein gegen Ludwig in Marsch setzt, befindet sich, gestiefelt und gespornt, Albrecht Konrad. Für ihn die Chance, Lorbeeren zu ernten. Wie später im Nordischen Krieg, als Russen, Polen und Dänemark gegen Karl XII., den ungestümen König von Schweden, kämpfen. Finckenstein als diensttuender Generalleutnant trägt wesentlich dazu bei, Stralsund den Schweden zu entreißen.

Während des morgens um acht Uhr beginnenden, viele Stunden rasenden Gemetzels am 13. August 1704 bei Höchstädt an der Donau, genauer im Dorf Blenheim, stehen sich zwei Heere mit insgesamt hundertzehntausend Mann gegenüber! Die preußischen Bataillone, deren schwarz–weiße Banner trotzig voranflattern, fechten unter dem Oberkommando Prinz Eugens, der zwischen den waldigen und abschüssigen Hügeln Oberglenheims den Kampf mit der französisch–bayrischen Infanterie befehligt. Eine der undankbarsten Aufgaben des ganzen Tages. Welche brutale Härte die Kollision solcher gewaltigen Söldnermassen annahm, bezeugen etwa fünfzehntausend Gefallene und Verwundete auf beiden Seiten.

Und mitten im blutigsten Gewühl Albrecht Konrad, seit Januar 1704 Generalmajor der Infantrie (ab März 1705 Generalleutnant). Als der rechte Flügel, den Leopold von Anhalt–Dessau befehligt, in Unordnung gerät, greift Finckenstein den Gegner derart rasch an, daß jenem die Zeit zur Deckung fehlt und die verbündeten Österreicher, Engländer und Preußen den Sieg an ihre Fahnen heften. Mit furchtlosen Gefährten an der Seite, verfolgt Albrecht Konrad sogar bis in die Nacht hinein den Feind. Unvergeßlich für Prinz Eugen, der erklärt, daß die Schlacht "einzig und allein durch rechtzeitige Hilfe und den mutigen Angriff der Preußen unter dem General Finck von Finckenstein auf die Verschanzung der Franzosen glücklich entschieden worden ist". Derselben Ansicht ist auch der englische Herzog Marlborough. Beide zollen Finckensteins Kühnheit und Führungskunst neidlos Beifall.

Leopold I. von Anhalt–Dessau

****

Nach der Schlacht, die mit einem Triumph über Franzosen und Bayern verhallt, depeschiert Prinz Eugen an die Wiener Hofburg:

"Die Preußen haben meine Leute an Mut und Ordnung weit übertroffen. Für die Bequemlichkeit solcher Truppen muß man so viel als möglich sorgen; die Preußen verdienen es, und es ist kein Preis zu hoch, womit ich ihr Ausharren erkaufen kann."

Speziell gelten jene Worte Fürst Leopold von Anhalt-Dessau, Preußens damals jüngstem General und Zuchtmeister der Armee, der bereits 1698 den eisernen Ladestock statt des bisher üblichen hölzernen erfand und damit das Schnellfeuer, eine Panik erzeugende Waffe. Leopolds Name, berühmt geworden als Alter Dessauer, steht ebenso für den forschen Dessauer Marsch. Sicher kein Ohrenschmaus für die Kriegsveteranen Ludwigs, der in unkontrollierte Wutanfälle ausbricht, als er von dem Fiasko und der Gefangennahme seines tapfer operierenden Marschalls Tallart und weiterer neuntausend Mann durch die Engländer erfährt. Doch es kommt noch blamabler für den eitlen "Sonnenkönig": Die Franzosen müssen im ganzen dreizehntausend Gefangene zurücklassen, während sich zwölftausend Bayern zu den Kaiserlichen und ihren Verbündeten absetzen. Wem schon ist der Rock näher als das Hemd? Indem das französisch-bayrische Heer nicht mehr existiert, sieht Wien die Hauptgefahr für sich schwinden.

Finckenstein hat seine Bündnispflicht erfüllt, nun kann er sich beruhigt nach Berlin aufmachen, wo er am 25. August 1704 eintrifft. Sein nicht unproblematischer Auftrag: als Nachfolger eines Grafen von Dohna den wenig bildungshungrigen, aber hitzköpfigen Kronprinzen Friedrich Wilhelm täglich unter die Fittiche zu nehmen. Möglichst mit Fingerspitzengefühl, denn der Jüngling neigt zum Derben, trägt lieber grobe Bauernkleider als Samt und Seide.

Schon im Januar, an seinem sechzehnten Geburtstag, ist der Soldatenkönig in spe für volljährig erklärt worden. Und Finckenstein, der die richtige Antenne zu dem Gelehrte,

****

Schönredner und das ihm verhaßte Hofzeremoniell mißachtenden Eigenbrötler zu haben scheint, soll ihm Gefährte, Ratgeber sowie Beschützer sein. Weniger Schulmeister. Folglich hat er Direktiven griffbereit, die Friedrich Wilhelms Erziehung nicht eben gängeln. Diese dem angehenden zweiten preußischen König zugebilligte Toleranz wird später dessen Sohn Friedrich für sich schmerzlich vermissen.

Albrecht Konrad verbindet, soweit das möglich ist, militärische Aufgaben mit erzieherischen, unternimmt im Herbst 1704 mit Friedrich Wilhelm eine Bildungsreise, die beide, unter falschen Namen, zuerst nach dem verwandten Hof in Hannover führt, danach in die Niederlande, wo der Knabe schon als Zwölfjähriger "die kapitalistische Musternation" (Marx) kennengelernt hatte. Den Winter, zumindest einen Teil davon, verbringt man gemächlich im Haag, der Residenzstadt. Sein Blick wird vor allem auf ökonomische Belange, auf die Leistungen in Handel, Schiffahrt, Militärwesen, Finanzen, ja selbst Wissenschaften und Künste gelenkt. Bauten des späteren Soldatenkönigs wie die Backsteinhäuser für seine Grenadiere in Potsdam, Kanäle und Brücken, verraten bildhaft holländisches Augenmaß. Vielleicht auch seine Malversuche, die, wenn auch künstlerisch unbedeutend, so doch historisch von einigem Wert sind.

Im Überschwang der Eindrücke, da er im Februar an Feldmarschall Marlboroughs Seite weiter nach England reisen will, trifft ihn die Nachricht vom Tode Sophie Charlottes, seiner Mutter, die er sehr liebte, auch wenn ihm deren künstlerischer und philosophischer Geist recht fernliegt. Finckenstein, der jene Trauerbotschaft so schonend wie möglich übermittelt, schafft es, den apathischen Sohn nach Berlin zu bringen, damit er am Leichenbegängnis, das zur Selbstdarstellung des Königs wird, teilnehmen kann. Rund zweihunderttausend Taler werden die pompösen Begräbnisfeierlichkeiten verschlingen.

****

Auf Brautschau

Der zunehmend kränkelnde Friedrich I. möchte seinen einzigen Sohn verheiratet sehen, Enkel haben und den Fortbestand der jungen Monarchie sichern. Drei Heiratskandidatinnen hat er in petto: eine Prinzessin aus Hessen–Nassau, eine aus Hannover und eine aus Schweden, wobei dem König die letztgenannte am günstigsten scheint, glaubt er doch, mit verwandschaftlichen Bindungen zu Schweden irgendwann Schwedisch–Vorpommern oder Livland einheimsen zu können. Er beordert deshalb Finckenstein nach Stockholm, wo jener die Eigenschaften der favorisierten Ulrike Eleonore (Schwester Karls XII.) ausspionieren soll.

Doch Friedrich Wilhelm, der sich für Sophie Dorothea von Hannover, seine Cousine, entschieden hat, beauftragt seinerseits Albrecht Konrad, die nordische Prinzessin dem König als bösartig und mißgestaltig zu schildern, was er denn auch besorgt. So ist er demjenigen gefällig, der wohl in absehbarer Zeit der neue Herr im Hause Preußen sein dürfte. Der König, infolge der Unachtsamkeit einer Amme, die ihn als Säugling rücklings vom Arm hatte fallen lassen und es verschwieg, selbst verwachsen und von den Berlinern "schiefer Fritz" genannt, gibt sich geschlagen. So wird schließlich die künftige Mutter Friedrichs II. seine Schwiegertochter, die ihm zur Mittagsstunde des 24. Januar 1712, an einem Sonntag, den langersehnten Enkel beschert (dem schon zwei kurz nach ihrer Geburt verstorbene Knaben vorausgingen). Finckenstein hat dabei, wunschgemäß und sich der Klippen bewußt, an denen er als "Diener zweier Herren" zerschellen konnte, Schicksal gespielt.

Im Juni 1706 laufen die Vorbereitungen zur Eheschließung auf Hochtouren. Und wiederum bedient man sich Finckensteins, des offenbar geeignetsten Kavaliers, die 18jährige Sophie Dorothea aus Hannover, der Welfen–Residenz, nach Berlin einzuholen. Mit prächtiger Eskorte reist der taktvolle,

* *

in kniffligen Fragen des Zeremoniells und der Etikette erfahrene General als Brautführer an. Im Beisein des Königs, freilich ohne den Kronprinzen, der sich vom Bruder der Braut und späteren König von England vertreten läßt, erfolgt zunächst die formale Trauung. Was seinen plausiblen Grund darin hat, daß sich Hannover außer Stande sieht, Friedrichs I. verlangten Aufwand zu erfüllen. Man bleibt also noch ein paar Tage an der Leine, bis die Reise nach Berlin, mit allem Glanz und Zeremoniell, wie es sich für eine künftige Königin von Preußen geziemt, angetreten wird.

Vorerst aber zieht es Friedrich Wilhelm im Juli zu den Truppen nach Flandern, um wenigstens den Pulverdampf dortiger Belagerungsgefechte zu schnuppern, wenn er schon nicht am ganzen Feldzug teilnehmen darf. Niemals findet sich ein Hinweis von Wiedersehensfreude in seinen Briefen an die ferne Braut, zu der er keine tiefere Neigung verspürt. Vielleicht weil er nicht über beide Ohren verknallt ist und lieber in Exerzierstiefel schlüpft als ins Bett. Dennoch wird er mit Fiechen, wie er sie nennt, vierzehn Kinder zeugen, vier davon sterben in früher Jugend, die anderen zehn, vier Söhne und sechs Töchter, wachsen gesund heran.

Schlacht bei Turin 1706

****

Am 14. November 1706 findet die offizielle Trauung statt, nachdem man bereits Monate zuvor in Paris die Brautausstattung und Galagewänder bestellt hatte. Kein Geringerer als Ludwig XIV. ist es, der selbst einen Kennerblick darauf wirft. Ihn amüsiert es, daß Käufer und Lieferant, also Preußen und Frankreich, zur gleichen Zeit die Klingen kreuzen. Doch was soll's, wenn nur die Kassen klingeln und König Friedrich I. Gelegenheit findet, seine Prunksucht, die schon pathologische Züge trägt, abermals vorzuführen. Natürlich mit ihm als nicht zu übertreffenden Zeremonienmeister.

Der linkisch wirkende Kronprinz verflucht insgeheim das ganze Affentheater, dem er freilich nicht – noch nicht – entrinnen kann. Seinen Hochzeitsmantel, an dem eine meterlange Seidenschleppe hängt, würde er sich am liebsten vom Leibe reißen, doch um so mehr genießt Sophie Dorothea all die königliche Märchenpracht (die sie später vermissen wird), obwohl ihre schwachen Schultern ein Kleid zu tragen haben, das mit der Last seiner Perlen, Goldstickereien und Edelsteine gut einen Zentner wiegt und vier Millionen Taler wert sein soll. Bis Weihnachten lebt man in Saus und Braus, folgt eine Festlichkeit der anderen: Maskeraden, Illuminationen, Opern, Ballette, Komödien, Hetzjagden und Feuerwerk. Für Tafelfreuden, unter denen sich die Tische biegen, haben die Provinzen, ohne jede Abfindung, Tausende Kälber, Hühner, Puter, Gänse und Enten heranzukarren. Roter und weißer Wein fließt aus silbergetriebenen Brunnenfiguren in marmorne Becken.

Minister und Generäle, eventuell auch Finckenstein, begleiten nach ihrem traditionellen Fackelzug das junge Brautpaar in den Alkoven zum Beischlaf, einer barocken Staatsaktion, wenn es um den künftigen Thronfolger geht. Keine sieben Jahre später wird jener Glanz vom November 1706 wie ein Spuk erscheinen, ein unbezahlbarer dazu. Doch jetzt ist Friedrich Wilhelm König und, wie er jeden wissen läßt, auch sein eigener Finanzminister, der sich vornimmt, die von seinem Vater bis auf den letzten Taler geplünderte Staatskasse erst einmal aufzufüllen.

Wappen zum Reichsgrafendiplom

Urkunde zur Erhebung Albrecht Konrads von Finckenstein in den Reichsgrafenstand

****

Reichsgrafenstand

Der 7. September 1706 mag für die preußische Kavallerie der stolzeste Tag sein, als sie das von Franzosen umklammerte oberitalienische Turin durch einen verwegenen Sturm auf deren hohe Verschanzungen rettet. Der Bankrott seiner Armee in Italien wird Ludwigs galligste Niederlage. 1709 dann eilt der Kronprinz zu den Fahnen Marlboroughs und Eugens, wo die Schlacht bei Malplaquet (französisches Dorf nahe der belgischen Grenze) zur blutigsten des Spanischen Erbfolgekrieges ausartet und erneut mit einer Abfuhr Ludwigs endet. Europas genialster Militär, Prinz Eugen, in dessen Gegenwart nichts zu seinem Lob gesagt werden darf, erwirkt von Kaiser Joseph I. (im Mai 1705 starb dessen Vater Leopold I.) für Albrecht Konrad, seinen preußischen Gefolgsmann, 1710 das erbliche Reichsgrafen–Diplom. Die Finckensteins haben den Gipfel ihres sozialen Aufstieges erklommen.

Friedrich I., einerseits souveräner König und andererseits des Kaisers nordischer Vasall, ist stinksauer. Er sieht sich, das heißt seine Eitelkeit, von Wien entblößt durch die (von ihm nicht vorher abgesegnete) Standeserhöhung Albrecht Konrads. Den Habsburgern die Stirn zu bieten, wird erst sein Enkel wagen. Er knurrt lediglich, seine Grafen selber machen zu wollen, und zügelt seine Gereiztheit in einem Erlaß vom 11. April 1710 an sämtliche Amtskollegien sowie Regierungen Preußens, der die Erhebung der Familie v. Finckenstein Seewaldischer Linie in den Grafenstand beinhaltet:

"Ob wir nun wohl niemanden", so murrt er gekränkt, "in unserm Königreich Preußen vonstatten, dergleichen Dignität von dem Kaiser anzunehmen, sondern uns selbige unseren preußischen Vasallen und Untertanen zu conferieren privative und allein zustehet, so haben wir dennoch in gegenwärtigem Fall darinnen allergnädigst dispensieret, und zwar in consideration des gedachten unsers General–Lieutnants Finckes von Finckenstein Tapferkeit und gute Conduite, die

****

er unter des kaiserlichen Generals Prinzen Eugenii Commando in nächstverwichener Campagne in den Spanischen Niederlanden erwiesen, Ihr Kaiserl. Mt. dahin gebracht, daß sie aus eigener Bewegnis ihm den Grafen–Stand conferiret."

Dennoch trübt nichts das Verhältnis Finckensteins zum Monarchen, dessen Tod am 25. Februar 1713 für Preußen einen schroffen Trendwechsel hervorrufen wird,

Noch knapp vier Jahre wird sich das Hauen und Stechen hinziehen, dann unterzeichnen am 11. April 1713 die Vertreter Frankreichs, Englands, Hollands, Portugals, Savoyens und Preußens einen der wichtigsten Friedensverträge der Neuzeit, den Utrechter Frieden. Als eigentlicher Sieger geht aus den Verhandlungen England hervor. Friedrich Wilhelm, derweil König in Preußen, erhält seinen Titel bestätigt und, mehr zur Beruhigung, einige strategisch zweitrangige Flekken hinzu, beispielsweise Obergeldern für die preußischen Rheinlande mit 50000 Seelen.

* *

Ouvertüre mit Paukenschlag

25jährig betritt der rustikale Friedrich Wilhelm I., ein Choleriker, Preußens politische Bühne. Seine Regierungsouvertüre gleicht einem Paukenschlag: Abschaffung der verschwenderischen Hofhaltung seines Vaters, scharenweiser Hinauswurf von Kammerherren und sonstigen Kostümträgern des Hofes, Pagen, französischen und Schweizer Garden. Diäten für Hof- und Staatsbeamte, von denen er verlangt, die Ärmel hochzukrempeln, schrumpfen auf ein Drittel oder gar ein Viertel. Selbst Offizieren kürzt er das Gehalt und droht, jeder Pflichtvergessene werde ergriffen, daß ihm Hören und Sehen vergehe. Gold- und Silbergeräte, bergeweise in den Schlössern des alten Königs angehäuft, werden eingeschmolzen und zu barer Münze geprägt, Luxuspferde, Karossen und kostbare Weine verkauft. Hier fegt ein junger, unumschränkt herrschender Machtmensch, der nicht einmal die zuverlässigste Autorität neben sich gelten läßt, mit eisernem Besen den prunkvollen Schlendrian seines Vorgängers zur Tür hinaus! Der Mythos vom Sparta des Nordens keimt.

Das Heer indes hegt der knickrige Friedrich Wilhelm rührend und vermehrt die 38 Bataillone und 53 Schwadronen auf 50 Bataillone und 60 Schwadronen. An Stelle des Oberkämmerers nimmt jetzt der Generalfeldmarschall den ersten Rang ein. Während die höfische, an Versailles orientierte Epoche Preußens jäh verblaßt, drücken des Königs militärische Ambitionen dem gesamten öffentlichen Leben knallhart ihre Stempel auf. "Mein Vater", erläutert er seinen Ministern, "fand Freude an prächtigen Gebäuden, großen Mengen Juwelen, Silber, Gold und äußerlicher Magnifizenz – erlauben Sie, daß ich auch mein Vergnügen habe, das hauptsächlich aus einer Menge guter Truppen besteht."

Symbol des Staates wird der preußische Uniformrock, des Patriarchen Alltagskleid, von dem er sich, so witzelt es an Deutschlands und Europas Fürstenhöfen unverhohlen, nicht

Friedrich und Wilhelmine von Preußen

* *

einmal des Nachts trennen mag. Auch für die Prosperität der Volkswirtschaft haben sich die Bürger in die Riemen zu legen.

Argwöhnisch gegenüber Schützlingen, warnt er Junior Friedrich eindringlich davor, die Dohnas oder die Finckensteins könnten eines Tages als Copilot am Staatsruder sitzen. Doch scheut er sich nicht, die letztgenannten an seinen Berliner Hof zu rufen. Spätestens damit erringt dieses Geschlecht Stufe um Stufe die, wenn auch stets schwankende, Sympathie des Soldatenkönigs.

Friedrich Wilhelm, der mit geradezu flegelhaften Manieren seine Hofschranzen in die Wüste schickt, kürt 1718 Albrecht Konrad, welcher sich schon an ihm als Erzieher bewähren mußte, zum Oberhofmeister des sechsjährigen Kronprinzen Friedrich. Was ihn dazu bewog, äußert er in einer Direktive vom 13. August 1718:

"Unter allen, so Mir nach einer sorgsahmen Ueberdenkung beygefallen, habe Ich sonder Zweifel durch des Höchsten Vorsehung Meine Augen und Wahl so wohl auff Meinen Generallieutnant Graff von Finckenstein geworffen, alß welcher vor seine Person mit ungemeinen Qualitäten, einer sonderbaren Prudence und Moderation, einer untadeligen Conduite, welcher er auch in der Jugendt spüren laßen und mit vielen in Kriegsoperationen nöthigen Wissenschafften begabet (ist)".

Gebunden ist jenes Amt an eine Flut von teilweise diffusen Weisungen. Da verordnet der "liebe Herr Papa" (so redet ihn der kleine Fritz heuchlerisch in Briefen an), daß "Mein Sohn nebst allen seinen Bedienten morgens und abendt das Gebeth auf den Knien verrichte, nach geendigtem Gebeht ein Capitel aus der Biebel lese, und daß nicht oben hin, sondern daß allemahl nach der Verlesung der fürnehmste Inhalt kürtzlich wiederhohlet und daferne einige schöne Sprüche, welche sich auff Meines Sohnes Zustande schicken, darinnen zu finden selbige extrahiret werden, damit Er dieselbe wiederholen und auswendig lernen könne..."

Das Reglement strotzt vor Pedanterie, es entpuppt sich als ein zu eng geschnürtes Korsett für den musisch veranlagten

****

Friedrich Wilhelm I. regierte von 1713 bis 1740

* *

Jungen, der einst die Geschicke Preußens lenken soll. Natürlich ganz im Sinne Friedrich Wilhelms, seines bis zum letzten Hosenknopf alles regelnden Vaters. Ob es Fremdsprachen sind oder wie sich der Filius zu kleiden hat. Kein Versteck für persönliche Regungen, kein Moment ohne Späher. Auch während der Bettruhe "soll der Oberhoffmeister und Sousgouverneur tour à tour in Meines Sohnes Cammer schlaffen und muß einer von Ihnen beyden auch des Nachts Augenblick zugegen seyn". Bornierter geht's nimmer, was der König da seinem Finckenstein und dessen Stellvertreter, Oberst von Kalkstein, aufbürdet.

Einmal stiehlt sich Fritz von seiner kargen Matratze und huscht, während Finckenstein ahnungslos schnarcht, ins Nebengemach, um zu schmöckern, denn nächtliche Lektüre ist ihm strengstens untersagt. Finckenstein, von einem Hustenanfall geplagt, erwacht und lauscht vergebens nach den Atemzügen seines Mündels. Daß nun selbst einem General der Schreck in die Glieder fährt und er, so gut es eben geht mit über 60 Lenzen, aufspringt, um nach dem Prinzen zu sehen, ist plausibel. Kreidebleich tastet er sich zur Schlafkoje des Jungen – und findet den Vogel ausgeflogen! Jetzt fängt die Sache an, brenzlig zu werden, und Fritz, den Baß des Erziehers im Ohr, hastet ohne Schuh und Strümpfe zurück. Ein dummes Malheur, beschwichtigt er und setzt eine lammfromme Mine auf. Doch Albrecht Konrad, früher selbst ein pfiffiger Bursche, läßt sich nicht so leicht hinters Licht führen: Der "Ausreißer" muß sich eine Standpauke anhören und hoch und heilig geloben, solcherlei Flausen künftig zu unterlassen. Fritz fällt dem gutherzigen Alten weinend um den Hals und kommt mit einem blauen Auge davon.

Kategorisch verlangt Friedrich Wilhelm von den Erziehern, "Hurerey und Branliren" zu verhüten, widrigenfalls beide "mit Ihrem Kopffen davor hafften sollen". Doch selbst bei Friedrich Wilhelm wird kein Brei so heiß gegessen wie jener ihn kocht. Das grobschlächtige Gehabe des Königs erklärt sich mehr aus Sorge um die Thronfolge, die ihm erst 1722 mit August Wilhelm, einem weiteren Sohn, gesichert scheint.

****

Finckenstein also meistert, einträchtig mit Kalckstein, den Spagat zwischen Vater und Sohn durch seine flexible Art, die wohl Zerreißproben beschert, aber das Vertrauen beider Parteien gewährleistet.

Im Finckensteinschen Wohnsitz zu Berlin weiß der Kronprinz, vor Schelte und Moralpredigten des "lieben Herrn Papa" gefeit, seinen frühreifen Geist in familiärer Wärme. Die emotionale Bindung gedeiht bald so herzlich, daß Friedrich die Gattin seines Mentors, Susanne Magdalene, wie eine Mutter liebt und verehrt. Überdies sind ihm die Söhne der Finckensteins, vier an der Zahl, teilnahmsvolle Gefährten, mit denen er sich, wenn es ihm gelingt, den Argusaugen des Vaters zu entwischen, die wenigen freien Stunden teilt.

Zum ungenierten Krach zwischen König und Kronprinz kommt es erst nach dessen mißlungener Flucht im Juli 1730, da aber waren Finckenstein und Kalckstein schon ihrer Aufsichtspflicht enthoben – "in Gnaden". Dessenungeachtet berührt diese Tragödie Albrecht Konrad tief, so daß er sein Bedauern darüber dem bis ins Mark getroffenen König schriftlich mitteilt. Der beweist ihm seine Loyalität, auch indem er Finckensteins Anwartschaft auf die 1144 gegründete Komturei des Johanniterordens in Lietzen unterstützt, dessen Ritter er seit 1696 ist.

1731 endlich winken Albrecht Konrad die nicht geringen Pfründe des Ritterordens, wobei Friedrich Wilhelm die Investitur seines Generals erzwingt. Fortan bewohnt Finckenstein jährlich für etliche Wochen das 1690 erbaute Herrenhaus. Sobald Frau und Kinder anreisen, führt man ein provinzielles Dasein aus Feldern, Wiesen und Wald. Obgleich sich Albrecht Konrad unbeirrt als Ostpreuße fühlt, knüpfen er und seine Familie erste Bindungen an die Mark.

****

Napoleonische Seitensprünge

Zwischen 1716 und 1720, also lange vor seinem Komtureiamt, errichtet der General in Habersdorf (im früheren preußischen Regierungsbezirk Marienwerder, Kreis Rosenberg, nahe dem Gnadensee), dessen Güter er aus dem Eulenburgischen Konkurs erwarb, ein Schloß, entworfen in der Architektur des Spätbarock. Zum Erstaunen der Nachbarschaft, die nirgends im weiten Umkreis derartige Lust– und Irrgärten, Wasserleitungen und eine solche Grotte kennt. Schnell eilt dem Prachtbau der Ruf voraus, das Versailles Ostpreußens zu sein. Ein ähnliches Ambiente mag in Ostpreußen wahrscheinlich noch das Dohnasche Herrenhaus Schlobitten in der Nähe von Elbing besessen haben.

Pfennigfuchser Friedrich Wilhelm gewährt Habersdorf die Gunst, den Namen des Bauherren tragen zu dürfen. Was ihn freilich nur Tinte und Papier kostet. Hingerissen von der Namensgebung durch den König, wahrscheinlich mehr noch von der Hoffnung auf einträgliche Gnade, verfaßt ein "unterthäniger devoter Diener" Albrecht Konrads ein 13 Strophen umfassendes Gedicht. Ein Vers jener breitgewalzten Schmeichelei soll uns genügen:

Wie glücklich bist du doch, daß du besuchet wirst

Von unserm Könige, der deine Ordnung liebet!

Noch glücklicher bist du, daß dieser grosse Fürst

Dich will verewigen und solchen Namen giebet,

Der viel beständiger als deine festen Mauren,

Darin er hat logirt, ja ewiglich wird dauern.

Obgleich sich Albrecht Konrad einen Stammsitz geschaffen hat, der zweifellos königlich geheißen werden darf, hält er sich wenig darin auf, weil er dank seiner Stellung bei Hofe, u.a. hat er ja den kleinen Fritz zu erziehen, meist in Berlin benötigt wird.

✻✻✻✻✻✻✻✻✻✻✻✻✻✻✻✻✻✻✻✻✻✻✻✻✻✻✻✻✻✻✻✻✻✻✻✻✻

Nennen wir es Ironie des Schicksals, daß im Winter 1806 zu 1807 Napoleon I., der brutale Zerstörer des alten Preußens, in jenem Schloß Einzug hält, wo preußische Könige und Prinzen im eigens dafür reservierten ersten Stock, der Beletage, auserlesene Bewirtung erfuhren. Zufall ist es nicht, warum der Korse gerade hier sein Lager für drei Monate aufschlägt, soll er doch, erstmals das Palais vor Augen, enthusiastisch ausgerufen haben: "Enfin un Chateau!" Während Bonaparte seiner Josephine, die in Paris selten an etwas anderes denkt als an Kleider, Brillianten und Hofbälle, per Stafette unverfängliche Briefe schickt, verübt der Kaiser im verschneiten südöstlichen Zipfel Preußens delikate Seitensprünge, indem er sich nicht nur am Kaminfeuer des Finckensteinschen Schlosses (das sich bereits seit Jahrzehnten im Besitz der Dohnas befand und 1945 vollständig ausbrannte) wärmt, sondern mehr noch am Busen der polnischen Gräfin Walewska, einer verteufelt hübschen Frau, die ihn bis ans Ende ihrer Tage lieben wird. Den Großen dieser Welt bekommt eben selbst der Krieg wie eine Leib und Seele erfrischende Badekur.

Lietzen – Nord, ehemaliges Herrenhaus

* *

Die Komturei Lietzen zu verwalten ist Albrecht Konrad kaum vier Jahre vergönnt, denn 1735, kurz vor Heiligabend, wird der Lebensfaden des greisen Feldmarschalls abgeschnitten. Leopold von Ranke, Historiograph des preußischen Staates, hat die Natur des Entschlafenen prägnant skizziert: "Er war einer der seltenen Männer, vor deren Tugend die böse Nachrede zurückweicht, von stiller Arbeitsamkeit, ein guter Wirt und prächtiger Bauherr, christlich–fromm und vor allem tapfer."

Friedrich, König im Wartestand und dankerfüllt, betrauert ihn sehr, spricht in seiner lebhaften, in Ruppin verfaßten Kondolenz an die Witwe von einem ehrbaren und großen Mann. Seit 1728 Träger des Schwarzen Adlerordens und 1733 zum preußischen Generalfeldmarschall ernannt, rechnet er zu den achtbarsten Heerführern der vorfriderizianischen Ära.

Als der gichtgeplagte Friedrich Wilhelm I. am 31. Mai 1740 aus irdischer Qual scheidet, bestätigt sich, wie solid das Vertrauen der königlichen Familie zu ihren Finckensteins gesponnen ist. Den ältesten der vier Brüder, Friedrich Wilhelm,

Friedrich Wilhelm I., Mai 1740

bestallt "die neue Sonne", Friedrich II., zum Generaladjutanten. Jener hatte 1723, nach Studien in Halle, eine Kavalierstour begonnen, auf der er u.a. die Niederlande, Lothringen, Rom, London, Prag, Dresden und Frankfurt/Oder besuchte. Danach tritt er ins Heer ein, und bereits im April 1728, zum Ritter des Johanniterordens gekürt, ehrt ihn die Uniform eines Kapitäns.

Als Werbeoffizier, wohl mehr eine Nebenrolle, rührt er kräftig die Trommel für des Soldatenkönigs liebstes Spielzeug, die Langen Kerls (mustergültig proportionierte junge Burschen mit wenigstens 1,87 Meter Körpergröße), die er seine Kinder nennt und verhätschelt, die aber meist nur mit List und Tücke zu ködern sind. Und sei es Menschenraub in einem Sarg, aus dem es für den Unglücklichen kein Desertieren mehr gibt, da man die Holzkiste, in die er sich nur mal "probehalber" legen sollte, sofort zunagelt. Was den Erstikkungstod zur Folge hat.

Der Erste Schlesische Krieg sieht den ledigen Offizier im Gefolge Friedrichs, bis er am 10. April 1741 in der Schlacht bei Mollwitz tödliche Blessuren erleidet. Stellvertretend für ihn

Preußische Werber zur Zeit Friedrichs II.

* *

erfährt nun Friedrich Otto Leopold, Jüngster des Bruderquartetts, königliche Gunstbeweise. Der 37jährige Oberst hängt jedoch schon 1754 den bunten Militärrock an den Nagel, um auf seinem neumärkischen, vier Meilen von Frankfurt entfernten Landgut Trebichow das Leben eines Landjunkers zu führen.

Der innigste Bund entwickelt sich zwischen Friedrich II. und Karl Wilhelm, dem dritten Sohn des Generalfeldmarschalls. An einem Februartag 1714 in Berlin geboren, wächst er, das Patenkind des Soldatenkönigs, als Spielkamerad des königlichen Nachwuchses auf, besonders aber Friedrichs. Grund genug für lebenslange Freundschaft. Mitglieder der französischen Kolonie, die Gottesfürchtigkeit, französischen Geist und Witz in den besten Traditionen des 17. Jahrhunderts verkörpern, geben Karl Wilhelms Erziehung den feinsten Schliff. An diesen bewährten Attributen geschult, absolviert er die Genfer Universität, jene Hochburg des reformierten Glaubens.

Da er nach Ansicht seines besorgten Vaters eine für das Militär zu schwache Kondition besitzt, wird er auf dessen Bitte im März 1735 als Legationsrat dem Außenminister unterstellt. Wenig später sucht das Kabinettsministerium für den schwedischen Hof einen Legationssekretär, und prompt besetzt der König diese Stelle mit Karl Wilhelm – für monatlich 150 Taler. Abermalige Einwände des alten Feldmarschalls, er halte seinen Sohn für nicht firm genug, zerstreut Friedrich Wilhelm in einem Antwortbrief: "Ich habe aber ein ander Conzept von ihm und muß er sich auf Gesandtschaften erst habilitieren, weil die Arbeit die Leute macht." Und fügt beschwichtigend hinzu: "Zudem passieren in Schweden, wo er hingehet, itzo keine großen und schweren Sachen, aber er kann doch dabei vieles lernen."

Kronprinz Friedrich, voller Ungeduld auf dem Sprung, seine Ruhmessucht sättigen zu können und wohl auch etwas neidisch auf den Jugendfreund, gratuliert dem Feldmarschall: "Ich bin völlig überzeugt, daß Ihr Sohn sich stets des Vertrauens des Königs würdig bezeigen wird und bin über dasselbe entzückt." Der frischgebackene Diplomat wälzt im Geheimen Staatsarchiv ganze Berge von Akten, um sich ein Bild zu machen über Schwedens eher verworrene als transparente innenpolitische Konstellation. Derart gewappnet, schifft er sich im Mai 1735 nach Stockholm ein. Bereits Ende Juni empfängt ihn Friedrich I., der Schwager Karls XII., zur Audienz in Carlsberg.

Preußens Soldatenkönig ist zufrieden und stockt, gegen seine sparsame Natur, das Gehalt des Legationsrates um 200 Taler auf. Fünf Jahre vertritt Finckenstein die Interessen Preußens im kühlen Norden. Dann ruft ihn Friedrich II., der 1740 den Thron besteigt, nach Berlin zurück, aber nur, um ihn mit Anweisungen und Ernennungsurkunde als Gesandten nach Kopenhagen, 1743 nach England und 1744 abermals nach Stockholm zu schicken, als seine jüngere Schwester Luise Ulrike den schwedischen Thronfolger Adolf Friedrich heiratet. Als außerordentlicher Gesandter begleitet Finckenstein Ende Juli die Prinzessin nach Stockholm, wo das Schiff, nach stürmischer Überfahrt, am 6. August 1744 anlangt. Der jungen Dame steht er, nach ihren eigenen Worten, mit Rat und Tat zur Seite. Welche Bürden Finckenstein auch zu tragen hat, er beweist sich stets als kluger Charakter, dessen Informationsberichte, Perlen an Sprachkultur und Gedankenfülle, Furore machen.

****

Kabinettsminister des Königs

Als Schleudersitz für Diplomaten gilt der Gesandtschaftsposten in Petersburg, wohin man Finckenstein, freilich nach vorheriger Berufung zum Staatsminister und Wirklichen Geheimen Rat, im Februar 1747 delegiert. Aufgrund der miserablen Wege, wenn man von solchen überhaupt sprechen kann, und aller möglichen Hindernisse verzögert sich seine Reise, für die er mehr als zwei Wochen benötigt. Kaum hat er sich dort eingerichtet, versucht er, der preußenfeindlichen Politik unter Graf Bestushew, dem russischen Kanzler, clever entgegenzuwirken. Als der russische Hof, vielleicht für ein Jahr, nach Moskau zu gehen beabsichtigt, fragt Finckenstein beim König an, ob er ihm folgen solle. Friedrich, der seinen befähigten Diplomaten nicht derart lange entbehren möchte, ruft ihn im Dezember 1748 nach Berlin zurück.

Finckenstein trifft im Februar 1749 in Berlin ein, sein Gepäck enthält einen Bericht über den russischen Hof und dessen Gepflogenheiten. Bald darauf reist er in geheimer Mission nach Frankreich, deren scheinbarer Grund eine Erbschaft seiner Schwiegermutter ist. Noch bastelt Finckenstein in Paris an einem Zweckbündnis mit Ludwig XV., da ordnet Friedrich an, ihn zum Etats- und Kabinettsminister beim Auswärtigen Amt einzuführen. Das Zeremoniell spielt sich im Juni 1749 im Geheimen Staatsrat ab, unter Teilnahme der ganzen Ministerriege. Eine noble Geste für den Reichsgrafen, der von dieser Stunde an ein halbes Jahrhundert Europas geografische Karte mitzugestalten hilft, in unbestechlicher Treue und Geradlinigkeit zu Preußen. Nützlich ist ihm dabei ein auffallend gutes Gedächtnis, das ihn an zurückliegende Ereignisse, Orte und Zeitpunkte bis ins kleinste Detail erinnern läßt, so daß er alle möglichen Vorgänge wie aus einem Ordner entnehmen kann. Freilich, der deutschen Sprache und ihrer sich entwikkelnden Nationalliteratur bezeugt er nur mäßiges Interesse, seinem König darin ähnlich. Das Französische exzellent be-

beherrschend, bewertet er seine jüngeren Mitarbeiter oftmals nach deren Fähigkeiten in der Sprache der Diplomaten.

Ob es den Siebenjährigen Krieg betrifft, die Einverleibung Westpreußens, den bayrischen Erbfolgekrieg oder zuletzt die Gründung des Fürstenbundes, Finckenstein ist gravierend an den Entscheidungen seines Königs beteiligt, gewohnt gründlich und kompetent. Was jedem anderen Minister angekreidet würde, sich konträr zu den Ansichten des Herrschers zu äußern, er jedenfalls kann es sich leisten. Zumindest bis zu einem bestimmten Grad, denn keinem gegenüber eröffnet Friedrich unverblümter seine Pläne und Gedanken.

Ihr unbedingtes Vertrauen zueinander beweist dessen in Berlin abgefaßte "Geheime Instruktion vom 10. Januar 1757 an den Minister von Finckenstein", die jenen ermächtigt, bei für Preußen und seine militärische Lage ungünstigen Vorfällen drastische Maßnahmen zu ergreifen. Das besagt auch, für den Fall eines Ansturms auf die Hauptstadt, Finckensteins absolute Gewalt in jeglicher Zivilangelegenheit und rückhaltloser Gehorsam aller Minister, Gerichts- und Hofbeamten ihm gegenüber. Bei einer Niederlage im Westen, verfügt Friedrich, sollten die königliche Familie und die Behörden (samt Staatsschatz) nach Küstrin flüchten, bei einer Niederlage im Osten nach Magdeburg. Als äußersten Zufluchtsort nennt er Stettin und verfügt, daß in diesem Fall das königliche Gold und Silber in die Münze zu wandern habe.

"Geschehe es", so Friedrich II. schnörkellos, "daß ich getötet würde, so müssen die Geschäfte ohne die geringste Veränderung ihren Gang gehen, ohne daß man merkt, daß sie in anderen Händen sind; und in diesem Falle muß man Eide und Huldigungen beschleunigen, so wie hier, auch in Preußen und vor allem in Schlesien. Wenn ich das Verhängnis habe, vom Feinde gefangen genommen zu werden, so verbiete ich, daß man die geringste Rücksicht auf meine Person nimmt oder im geringsten berücksichtigt, was ich aus meiner Haft schreiben könnte. Geschähe mir solches Unglück, so will ich mich für den Staat opfern, und man muß dann

****

meinem Bruder gehorchen, der ebenso wie alle Minister und Generale mir mit dem Kopf dafür verantwortlich sein soll, daß man weder eine Provinz noch Lösegeld für mich anbietet, und daß man den Krieg fortsetzen und seine Vorteile verfolgen wird, als wäre ich niemals auf der Welt gewesen." Aber weder jetzt noch später muß der König den Namen Preußen mit ins Grab nehmen, wie er derzeit vermutet, nicht einmal nach Kunersdorf, als die Eckpfeiler des Staates, die Armee, im Nichts versinken.

Kunersdorf: Gelände des Schlachtfeldes von 1759

Uniform Friedrichs II., die er während der Schlacht von Kunersdorf trug

****

Kunersdorfer Schlacht

An jenem 12. August 1759, einem Sonntag, der sich bald mit drückender Schwüle bemerkbar macht, brechen die Kolonnen der preußischen Armee zwischen vier und fünf Uhr morgens von der Gegend um Bischofsee (nordöstlich von Kunersdorf) auf, um sich dem stark befestigten Lager der verbündeten Russen und Österreicher zu nähern. Ursprünglich von Beeskow und Müllrose anrückend, wollten sie eigentlich nach Frankfurt, aber weil die Russen bereits dort campierten, umgingen sie westlich die Stadt, betraten am 10. Lebus, um hier die Oder zu überqueren. Doch war der Fluß bedenklich angeschwollen, und so entschied man sich für Reitwein und Göritz.

Für acht Uhr ist die Offensive geplant, allerdings kommt die Artillerie im Wald nur stockend voran und kann das Feuer erst gegen zwölf Uhr eröffnen. Nun greift die preußische Infantrie ein, wirft bis zwei Uhr den linken Flügel der auf dem Mühlberg verschanzten Russen zurück und erobert 80 ihrer Kanonen. Schon glaubt Friedrich an Sieg und jagt – welch tragischer Irrtum! – Kuriere, die reinsten Teufelsreiter, mit der freudigen Botschaft nach Berlin.

Anstatt die Russen nur zu schlagen, will der König sie unbedingt vernichten und befiehlt, obwohl die Generale davon abraten, in einer Mischung aus Stolz, hochfahrendem Wesen und Starrsinn erneut den Angriff. Hatte nicht Friedrich Wilhelm I. dem Sohn gelegentlich vorgehalten, er habe zu nichts Lust, als seinem eigenen Kopf zu folgen? Derweil ist ein österreichisches Reiterkorps unter Laudon zu den wankenden Russen gestoßen. Jetzt rächt sich der Fehler Friedrichs, einst den geborenen Livländer in russischen Diensten schnöde abgewiesen zu haben, als er sich im damals schlagkräftigsten Heer Europas, dem preußischen also, weitere Sporen erringen will. Nunmehr wirft sich der 25jährige Oberstleutnant in die Arme der Todfeindin Preußens, Maria Theresia, und ent-

* *

Friedrich II. am 12. August 1759

wickelt sich bald zu einem herausragenden Heerführer des 18. Jahrhunderts.

Es entspinnt sich ein nervenzerrendes, stundenlanges Gefecht, in dessen Verlauf die preußischen Bataillone und Reiter, empfangen von Gewehrfeuer und Kartätschenregen aus gehacktem Eisen, niedergemäht werden. Was nützt dem König jetzt sein Kutscherdeutsch, womit er sonst die Soldaten anzufeuern versteht. Sie fliehen dennoch, und Friedrich selbst gerät in ärgste Gefahr. Völlig resigniert, hört man ihn, wenigstens der Legende nach, durch den entsetzlichen Wahnsinn rufen: "Gibt es denn heute keine verwünschte Kugel für mich?" Friedrich fleht vergebens, er zumindest überlebt, wenn auch sein Schicksal und das Preußens auf des Messers Schneide stehen. Endlich verebbt gegen sieben Uhr das blutige Drama. Vier Tage danach schreibt er aus Lebus an Prinz Heinrich: "Glücklich die Toten! Sie sind über den Gram und alle Unruhen hinweg."

Unter den letzten auf dem Schlachtfeld ist ein Trupp von etwa 40 Zietenhusaren, die ihren Pferden die Sporen geben, um sich vor Kosakenschwärmen aus dem Staub zu machen.

* *

Im Vorübersprengen entdeckt einer der Husaren den König, welcher auf einem Sandhügel, nur von einem sein Pferd haltenden Pagen begleitet, den Degen vor sich in die Erde gestoßen hat und mit verschränkten Armen die chaotische Flucht seiner Regimenter beobachtet. Todesmutig kehren die Husaren um und sprengen auf den König zu. Der wird von Rittmeister Prittwitz mit Müh und Not überredet, sich aufs Pferd zu werfen und in Sicherheit bringen zu lassen. Als ihnen die Kosaken bereits dicht auf den Fersen sind, schießt Prittwitz ihren vorpreschenden Offizier nieder. Die allgemeine Verwirrung nutzend, gewinnen Friedrich und seine wildverwegene Schar genügend Abstand, dem Verderben zu entkommen. 1763 schenkt Friedrich II. seinem beherzten Retter Joachim Bernhard von Prittwitz das Gut Quilitz, in dessen Schloß einmal Preußens Staatskanzler Hardenberg residieren wird. Unteroffizier Velten aber, der zuerst den König bemerkt hatte, wird später Offizier und erhält vom Nachfolger des Alten Fritz als Rittmeister bei den Zietenschen Husaren sogar ein Adelspatent.

Gegen Abend fluten die Reste des preußischen Heeres, das fast 19000 Tote und Verwundete (darunter 550 Offiziere), 172 Geschütze, 26 Fahnen und 2 Standarten zu beklagen hat, im totalen Chaos über Gohlitz und Frauendorf zu ihren Schiffbrücken an der Oder zurück. Dort und bei Ötscher (Owczary), einem etwa zwei Kilometer südlich des Städtchens Göritz (Gorzyca) gelegenen Fischernest, findet Friedrich von seiner einstigen Armee keine dreitausend Mann. Laut Fontane nächtigt er in einer von Kosaken geplünderten Bauernkate, an der Tür nur eine Schildwache.

(August Trinius schreibt 1884 in seinen "Märkischen Streifzügen", der König sei die Nacht auf dem rechten Oderufer, bewacht von Prittwitz, seinem Retter, und Zietenhusaren, im Fährhause von Ötscher geblieben, weil im Dorf alle Häuser mit Verwundeten belegt waren. Nach Angaben des Reitweiner Pastors Johann Wilhelm Orth übernachtete Friedrich von 12. zum 13. August auf dem linken Oderufer im Dammhaus, das nach 1945 abgerissen wurde und dessen Grundmauern noch teiweise, unter einem dichten Grasteppich verborgen, vorhanden sein sollen.)

* *

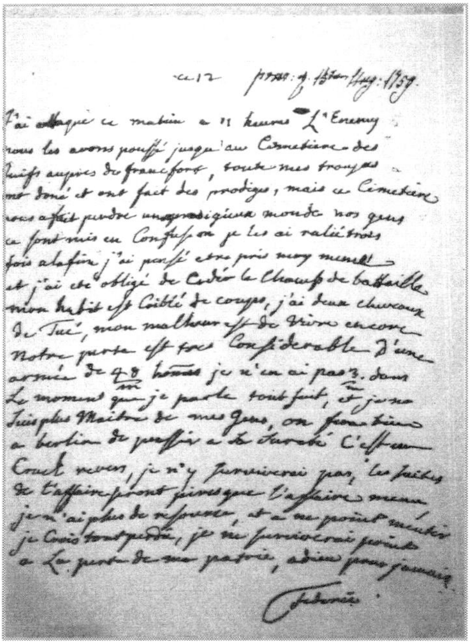
ce 12 praes: 9 Aug: 1759

J'ai attaqué ce matin a 11 heures L'Enemy
nous les avons poussé jusqu'au Cemetière des
Juifs auprès de francfort, toute mes troupes
ont donné et ont fait des prodiges, mais ce Cimetière
nous afait perdre un prodigieux monde nos gens
ce sont mis en Confusion je les ai raliés trois
fois a la fin j'ai pensé etre pris moy meme
et j'ai eté obligé de Ceder le Champ de bataille
mon habit est Criblé de coups, j'ai deux chevaux
de Tué, mon malheur est de vivre encore
notre perte est tres Considerable d'une
armée de 48 m hommes je n'en ai pas 3. dans
Le moment que je parle tout fuit, et je ne
suis plus Maitre de mes Gens, on fera bien
a berlin de penser a sa sureté C'est un
Cruel revers, je n'y survivrai pas, les suites
de l'affaire seront pires que l'affaire meme
je n'ai plus de resource, et a ne point mentir
je Crois tout perdu, je ne survivrai point
a La perte de ma patrie, adieu pour jamais

Federic

Friedrich II. an Graf Finckenstein

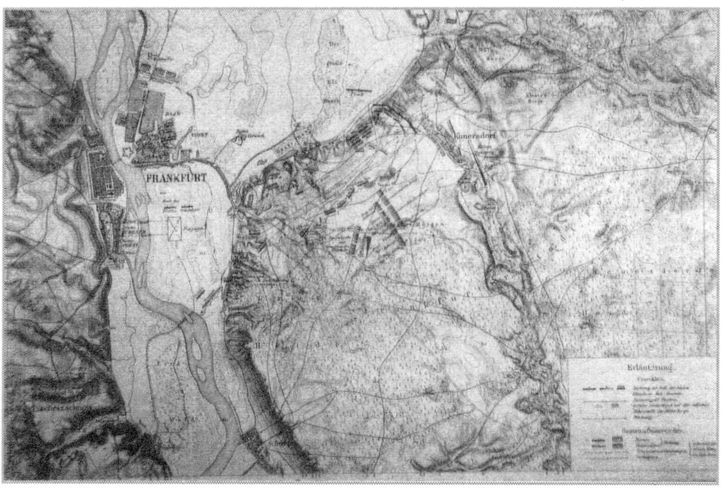

Karte vom Kunersdorfer Schlachtfeld

****

Dokument der Verzweiflung

Bevor sich der König todmüde auf eine Schütte Stroh wirft, kritzelt er mit Bleistift an Graf Finckenstein: "Mein Rock ist von Kugeln durchbohrt; zwei Pferde sind mir unter dem Leibe erschossen. Zu meinem Unglück lebe ich noch. Unser Verlust ist sehr beträchtlich; von einem Heere von 48000 Mann habe ich jetzt, wo ich dies schreibe, keine 3000. Alles flieht, und ich bin nicht mehr Herr meiner Leute. Man wird in Berlin gut tun, an seine Sicherheit zu denken. Das ist ein grausamer Schlag, ich werde ihn nicht überleben. Die Folgen davon werden schlimmer sein als die Sache selbst. Ich habe keine Hilfsmittel mehr; ungelogen, ich halte alles für verloren. Den Untergang meines Vaterlandes werde ich nicht überleben. Adieu für immer." Und fügt am Ende seiner niederschmetternden Bilanz hinzu: "Auch fiel hier der als Dichter bekannte Major Ewald von Kleist."

Wie blanker Hohn muten die nach dem glänzenden Sieg bei Roßbach (5. November 1757) in aller Munde gewesenen Spottverse gegenüber den Franzosen und Reichstruppen an:

"Und kommt der große Friederich

Und klopft nur an die Hosen,

So läuft die ganze Reichsarmee,

Panduren und Franzosen."

Daß der König, von hypochondrischen Wehen gequält, mit dem Freitod nur kokketiert, scheint unlogisch. Wozu verbirgt er dann am Leib ständig fünf oder sechs giftdurchtränkte Pillen? Nach Leopold von Ranke durchsteht er ja den "schwersten Augenblick seines gesamten politischen und militärischen Lebens" und hat die für ihn und sein Land katastrophalste Niederlage des Siebenjährigen Krieges zu verdauen. Ein einziger Funken Zuversicht, oder ist es reiner Selbsterhaltungstrieb?, hindert ihn zuletzt, sich davonzustehlen. Als man in seinem Nachlaß einen gläsernen Tubus mit dem verderblichen Saft findet, ist an Friedrichs Image als einem Ritter ohne Furcht und Tadel nicht mehr zu kratzen.

In der Nacht des 12. und am Morgen des 13. August zählen Friedrichs versprengte Haufen wieder etwa 12000 Mann. Nachmittags ziehen sie, notdürftig geordnet und dauernd in Sorge vor feindlichen Attacken, über die Brücken auf die linke Oderseite. Dann bricht man sofort die Brücken ab, nimmt die Brückenboote mit und benutzt die Kähne zum Transport der Verwundeten nach Küstrin und Stettin. Der König, sich erst noch mit Friedrich August von Finck beratend, dem ältesten General der Armee, steigt in den Sattel und galoppiert in das drei Kilometer entfernte Reitwein. Dort hatte er drei Tage zuvor seiner Avantgarde befohlen, eine Pontonbrücke vom linken auf das rechte Flußufer zu schlagen, um sechzig Bataillone selbst ans andere Ufer zu dirigieren, während die Kavallerie durch eine Furt ritt.

"Zwei Tage später, am Abend des 12.", bemerkt dazu Fontane, "befanden sich die Trümmer der geschlagenen Armee an derselben Furt, an derselben Schiffbrücke. Aber das Spiel war vertauscht; statt von links nach rechts, ging es jetzt von rechts nach links. Die Brücke, die am Abend des 10. von Reitwein nach Göritz vorwärts geführt hatte, führte jetzt, am Abend des 12., von Göritz nach Reitwein zurück".

Freilich, auch die Russen und Österreicher registrieren einen blutigen Aderlaß an Toten und Verwundeten: zusammen 16000 Soldaten und 680 Offiziere. Darauf anspielend meldet Pjotr Saltykow, seit Juni 1759 Oberbefehlshaber der russischen Armee, den triumphalen Sieg der Verbündeten an Kaiserin Elisabeth mit den einschränkenden Worten: "Ew. Majestät werden sich darüber nicht wundern. Sie wissen, daß der König von Preußen seine Niederlage allemal sehr teuer erkauft. – Wenn ich noch einen solchen Sieg erfechte, werde ich, mit einem Stabe in der Hand, allein die Nachricht davon nach Petersburg bringen müssen."

Im Burgsdorffschen Schloß nimmt der König mit Finck sein Hauptquartier, schließt sich, nach Memoiren des schwedischen Grafen Hordt, zwei Tage in seinem Zimmer ein. In

* *

äußerster Nervenanspannung legt Friedrich das Oberkommando nieder und beauftragt damit Finck. Prinz Heinrich, seinen militärisch talentierten jüngeren Bruder, ernennt er zum Generalissimus sämtlicher Truppen. Abends defilieren bereits 23000 Mann an Friedrich vorbei. Als er am 16. erfährt, die Russen seien bei Frankfurt über den Fluß gegangen, wenn auch nur wegen der unerträglichen Ausdünstungen des Leichenfeldes, verläßt er Reitwein, um das erwartete Vordringen der siegreichen Alliierten gegen Berlin abzuwehren und über Lebus, Madlitz sowie Treplin in Richtung Fürstenwalde Verteidigungslinien aufzustellen. Ein chancenloses Unternehmen, würden ihm die Alliierten tatsächlich auf den Pelz rücken.

Jede Partei mutet der anderen zu, allein die Kastanien aus dem Feuer zu holen. So verzichten die zerstrittenen Russen und Österreicher schließlich darauf, ihren vorläufig gemeinsamen Erzfeind zu verfolgen und Berlin zu besetzen. Die Preußen beobachten erstaunt, wie die Russen nach Süden abbiegen, Laudon nicht auf Berlin vorstößt und der Feind sich Schlesien zuwendet. Man gewinnt Zeit und damit alles, um die preußische Armee neu zu formieren. Später wird der König diesen Vorgang das "Mirakel des Hauses Brandenburg" nennen. Am Jahresende steht er mit Bruder Heinrich in Sachsen, den Österreichern gegenüber.

Als wir in Kunersdorf, dem heutigen Kunowice, auf dem einstigen Todesacker verweilen, scheint die Sonne ebenso brennend herab wie an jenem für Preußen so verhängnisvollen Tag. Nirgends eine Spur von der grauenvollen Schlacht, nur ein keilförmiger Feldstein am Rande des ehemaligen Kriegsfeldes weist auf Ewald von Kleist hin, der am 26. August 1759 an den Folgen seiner hierbei erlittenen tödlichen Verwundungen in Frankfurt/Oder starb. "Wie schön ist alles! Und wie froh und glücklich macht uns die Natur!" hatte er in seinen berühmten Frühlingsversen gesungen. Es ist Ewald von Kleist, den Lessing in seiner "Minna von Barnhelm" jenen Major von Tellheim sagen läßt: "Die Dienste der Großen sind gefährlich und lohnen der Mühe, des Zwanges, der Erniedrung nicht, die sie kosten."

****

Kirche und Schloß in Reitwein, Lithografie

Pfarrhaus und Kirche in Reitwein

✻✻✻✻✻✻✻✻✻✻✻✻✻✻✻✻✻✻✻✻✻✻✻✻✻✻✻✻✻✻✻✻

Kriegswirren im Frühjahr 1945 beschädigen nur geringfügig das zweigeschossige, Ausgang des 17. Jahrhunderts errichtete Reitweiner Herrenhaus mit seiner geschnitzten Haupttreppe und der von italienischen Meistern gefertigten Spätrenaissance–Stuckdecke im Festsaal. Nach Kriegsende geplündert, verliert sich seine Inneneinrichtung. Auch die Spur eines 1718 von Antoine Pesne geschaffenen Kinderporträts Friedrichs.

Zweitweilig finden in dem historischen Bauwerk, das bis 1842 den Burgsdorffs gehörte und danach auf dem Erbwege Rudolf Graf von Finckenstein, Flüchtlingsfamilien Unterkunft. Als nach ihrem Auszug der Bürgermeister anweist, Kunstdünger darin zu lagern, ist sein Schicksal besiegelt. Schließlich überläßt man das zu den Kunstdenkmälern im Oderbruch zählende Gebäude permanentem Verfall, bis es 1962 abgetragen wird. Teilweise erhalten blieb der kleine, um 1850 angelegte Schloßpark.

Wo über viele Jahre der Reitweiner Adelssitz vom gediegenen Geschmack seiner ehemaligen Besitzer kündete, entstand ein Ehrenhain für etwa tausend gefallene Soldaten und Offiziere der Roten Armee. Sowjetische Truppen hatten am 2. Februar 1945 den Ort sowie den Höhenzug besetzt. Zehn Wochen lang fanden hier erbitterte Kämpfe statt, indessen Marschall Shukow von den Bergen heraus die Schlacht auf den Seelower Höhen befehligte. Noch heute sind auf dem Reitweiner Sporn Reste von Lauf– und Schützengräben, Geschützstellungen und Bunkern zu beobachten. Auch die Ruine der 1855–1858 nach Plänen Friedrich August Stülers errichteten neugotischen Backsteinkirche ist eine jener vielen Kriegsnarben. Gegenwärtig wird der Sakralbau unweit der einstigen gräflichen Villa restauriert.

****

Friedrichs Visite in Madlitz

Am 16. August durchqueren des Königs arg gerupfte Bataillone die Talenge zwischen Madlitzer und Petersdorfer See. Entkräftet und zerschunden, bugsieren die Soldaten, vorbei an der Mühle, bis zu 24 pfündige Kanonen, welche mit 8 oder 12 Pferden bespannt sind. Tags zuvor das Mordfest unter der Sonnenglut und kein Tropfen Wasser mehr in der Feldflasche! Viele der Grenadiere hatten in wilder Flucht die Abhänge zum Dorfsee hinuntergedrängt, sich lang hingeworfen, nur um den brennenden Durst löschen zu können. Apokalyptische Strapazen und jede Sekunde den Tod im Nacken für monatlich lumpige zwei Taler Sold. Und auch die erst nach Abzug von Verpflegungskosten!

Als Friedrich das Madlitzer Gut seines Ministers Finckenstein erreicht, türmt sich, wohin er blickt, demoliertes Inventar. Ergebnis der Zerstörungswut seiner Feinde! Selbst in tiefster Resignation und als hätte er nichts Dringlicheres zu erledigen, läßt er das Wenige, was solcher Roheit noch entgangen ist, zusammentragen und sicher verwahren. Von dieser Misere nichts ahnend, befindet sich der Kabinettsminister in Magdeburg, wohin die königliche Familie samt Hofstaat und Regierung ausgewichen ist, wie es die besagte Instruktion vom 10. Januar 1757 vorsah. Noch am 15. August, auf der Fahrt in die stark befestigte Elbestadt, versucht Finckenstein den König aufzumuntern:

"Gleich nach Erhalt des freimütigen Briefes, mit dem mich Eure Majestät vom Schlachtfeld aus bedacht haben, habe ich die darin enthaltenen Befehle ausgeführt. Die Situation, in der sich Eure Majestät befand, hat mir das Herz zerrissen, dennoch werde ich nicht verzweifeln, solange ich Eure Majestät am Leben weiß. Euer Wohlergehen ist mein einziger Trost und Eure edlen großherzigen Gefühle sind mir nur zu gut bekannt, als daß ich nicht davon überzeugt wäre, daß Ihr bei der ersten sich bietenden Gelegenheit die Interessen Eures

Prinz Heinrich von Preußen (1726–1803)

persönlichen Ruhms mit denen des Vaterlandes verbinden werdet, um die Grundlagen eines Werkes zu schaffen, um das Euch sogar die wohlgesonnenen unter Euren Feinden beneiden werden."

Den Oberbefehl wieder ausübend, steht Friedrich am 18. August vor den Toren Fürstenwaldes, belegt beide Spreeufer und gewinnt zwölf ungestörte Tage, die seine Armee allmählich auf rund 30000 Mann bringen. Doch momentan bedrängen ihn weder Russen, die nach Süden abbiegen, noch Österreicher, die nicht auf Berlin vorstoßen, sondern nach Schlesien, das Maria Theresia begehrt. Uneinigkeit und Mißgunst zwischen den verbündeten Feldherren Saltykow und Laudon sowie deren eigener militärischer Kräfteschwund hindern diese daran, der amputierten friderizianischen Armee zu folgen und sie gänzlich aufzureiben. So scheint Preußen, fast ohne einen Finger zu krümmen, vor dem Schlimmsten bewahrt. "Dies Glück", schreibt der König an Bruder Heinrich, "ist ein miracle für das Haus Brandenburg!" Während der königliche Selbstmordkandidat zu neuem Leben erwacht ist, wird der Siebenjährige Krieg als wüster Kriegslärm namentlich in Sachsen und Schlesien, in der Mark und in Pommern zunehmend rabiater und zügelloser geführt.

Trotz kriegsbedingter Unpäßlichkeiten eilt Finckenstein, nichts verabscheuender als Müßiggang, rastlos zu Konferenzen und Rapports seines Monarchen. Als sein Kollege Heinrich Graf von Podewils (er hatte das nach ihm benannte Palais in der Klosterstraße erworben) am 29. Juli 1760 in Magdeburg stirbt, ernennt ihn der König zum alleinigen Chef des auswärtigen Amtes. Ruhmesblätter Finckensteinscher Diplomatie sind der Friedensschluß mit Rußland am 5. Mai 1762 (dem am 16. Juni der Preußisch–russische Allianzvertrag folgt) und der von Hubertusburg am 15. Februar 1763, der den Status quo garantiert. Friedrich behauptet zum dritten Mal Schlesien, Preußen wird definitiv als europäische Großmacht akzeptiert. Der Siebenjährige Krieg, jenes scheußliche Kapitel fürstlicher Profilneurose, ist Geschichte.

Für den Friedensschluß mit Zar Peter III., einem Verehrer

des Preußenkönigs, erhält der Kabinettsminister den Orden vom Schwarzen Adler, eine 1701 erfolgte Stiftung Friedrichs I. mit der lateinisch gefaßten Devise: Suum cuique – "Jedem das Seine". Im gleichen Jahr verliert er Sophie Henriette, seine treue Ehegattin. Ein schwerer Verlust, den er nur allmählich verkraftet. Finckenstein, in treuer Pflichterfüllung aufgehend und Ikone des preußischen Staatsdieners, ist es vergönnt, 1799 sein 50jähriges Jubiläum als Kabinettsminister zu feiern. Eine Rekordmarke, die mit Fachkompetenz zu tun hat. Alles, was Rang und Namen besitzt, macht dem Vielarbeiter seine Aufwartung. Zudem läßt das Kabinettsministerium in den Zeitungen einen Lebensabriß drucken – eine für das damalige Preußen beispiellose Ehrung. Als er sich am 1. Januar 1800 bei klirrendem Frost in lausig kalter Staatskarosse zur Gratulationscour nach dem Schloß chauffieren läßt, geht es mit Karl Wilhelm steil bergab. Weil er die extreme Witterung ignorierte, quält ihn nun ein bösartiger Katarrh. Auch er ist keine unverwüstliche deutsche Eiche.

Stünde Exellenz nicht schon im 86. Wiegenfest, jeder tüchtige Arzt bekäme das Fieber in den Griff. Ob der alte Herr schließlich doch eine Verschlimmerung seiner Gesundheit befürchtet haben könnte? Noch weist er in den Morgenstunden des 3. Januar eine Geldsumme für Bedürftige an, des Kabinettsministers letzte Amtshandlung. Mittags, gegen ein Uhr, trifft ihn der Schlag. So bleibt ihm ein langsames, oft mit Bettlägerigkeit und Schmerzen einhergehendes Sich–Entfernen erspart.

Das Finckensteinsche Erbbegräbnis in der reformierten Kirche (die heutige Friedenskirche bewahrt jene Begräbnisstätte nicht mehr) zu Frankfurt an der Oder, wo bereits seine Gemahlin, deren Mutter und eine früh verstorbene Tochter ruhen, wird nun auch Karl Wilhelm Graf Finck von Finckenstein, Staatsmann und Ehrenmitglied der Akademie der Wissenschaften, am zehnten Januar 1800 aufnehmen. Der "Schlüssel zu dem Erbbegräbnis (ist) dem Kammerdiener zugestellet".

****

Schuhe aus Paris

Konservativ vom Scheitel bis zur Sohle, klammerte sich der alte Kabinettsminister an das grazile Rokoko noch bis zu Friedrich Wilhelm III. Ihm, den ein Engländer "einen Teufel von Geist" nannte und der nie ein Billett zu Friedrichs Tafelrunde nach Sanssouci erhielt, waren Stiefel suspekt (Friedrichs Stiefel reichten bis übers Knie). Statt dessen trug er in Paris gefertigte Lackschuhe, war in seinen letzten vierzig Jahren fast nie, wie ihm bescheinigt wird, in den Straßen Berlins oder im Tiergarten zu Fuß bzw. zu Pferde unterwegs, sondern nur in der Staatskarosse. Er, das Meisterstück in Form und aristokratischem Gestus, machte die schillerndste Figur. Tabakkrümel auf seinem Anzug wären ihm, anders als bei Friedrich, der ausgiebig schnupfte und dessen Weste mit Flecken übersät war, ein Greuel gewesen, ein Fauxpas wider die guten Sitten. Winters wie sommers erhob er sich gegen sechs Uhr morgens, um sofort die eingegangene Post aufzuarbeiten. Charakteristisch für den Minister war es, Anfragen von Kollegen unverzüglich zu beantworten, sie jedoch selten auch nur eine Viertelstunde warten lassen.

Konkurrierte er in seiner Jugend mit den draufgängerischsten Tänzern, bevorzugte er im Alter eher ein würdevolles Schrittmaß und verabschiedete sich, salopp gesagt, fahrplanmäßig von der Weltbühne, also noch vor Napoleons Sturmtief. Trost fand der Kabinettsminister in Karl, seinem Enkel, nicht im ältesten Sohn. Der von seiner Umgebung Präsident genannte Friedrich Ludwig Karl erbt nun das Rittergut Madlitz, das er ohnehin schon fast 20 Jahre erfolgreich bewirtschaftet.

Mit dem Wirkungskreis Karl Wilhelms als preußischer Diplomat in Schwedens Metropole erklärt sich, daß Friedrich Ludwig Karl 1745 in Stockholm geboren wird. Als der Siebenjährige Krieg wütet – für den sensiblen Jungen ein traumatisches Erlebnis –, müssen infolge des verheerenden Debakels

✻✻✻✻✻✻✻✻✻✻✻✻✻✻✻✻✻✻✻✻✻✻✻✻✻✻✻✻✻✻✻✻✻

von Kunersdorf der königliche Hof und die Finckensteins Hals über Kopf ihre Koffer packen und nach Magdeburg flüchten. Keiner weiß, wie alles endet, selbst die Festnahme der Prinzen und Prinzessinnen ist einkalkuliert. Friedrich Ludwig Karl, dessen Hauslehrer, zwei kunstsinnige Theologen, ihm zwar die Vorliebe zum Klassischen Altertum und zu Büchern einpflanzen, jedoch weniger zur Politik, studiert nach dem frühen Tod seiner Mutter (1762) Rechtswissenschaft in Halle. Vater Karl Wilhelm denkt an eine Diplomatenlaufbahn und wendet sich deshalb am 24. Dezember 1766 an den König:

"Jetzt, wo der Erfolg, mit dem mein ältester Sohn sein Studium abgeschlossen hat, mich hoffen läßt, daß es nun möglich sein wird, ihn nützlich zu beschäftigen, erwarte ich nur noch die Erlaubnis und die Befehle Eurer Majestät, wann ihm die Ehre zuteil werden dürfte, Eurer Majestät vorgestellt zu werden. Sollte Eure Majestät, nachdem er Euch vorgestellt wurde, ihn für fähig halten, Euch in den Auswärtigen Angelegenheiten zu dienen und ihm eine der offenen Stellen eines Botschaftsrates gewähren wollen, würde ich dies als eine mir persönlich erwiesene Gnade betrachten, die ich mit der respektvollsten Erkenntlichkeit entgegennehmen würde. Sollte Eure Majestät jedoch keine Möglichkeit für ihn in dieser Laufbahn sehen, so wage ich auf Eure Erlaubnis hoffen zu dürfen, ihn als Referenten in der Justiz unterbringen zu lassen, wo er meiner Ansicht nach das erforderliche Examen mit Erfolg bestehen würde. In Kenntnis seines Charakters zweifle ich keineswegs daran, daß er sich die größte Mühe geben wird, sich der Gutherzigkeit Eurer Majestät würdig zu erweisen."

Friedrich aber meint, der Ministersohn wäre beim Großkanzler von Jarrigues gut aufgehoben, "wo er sich mit Angelegenheiten der Justiz befassen könnte" – als Referendar am Kammergericht. Dort wird ihm unermüdliche Arbeitsfreude und in juristischen Fragen ein reifes Urteilsvermögen attestiert. 1770 schon ist er Kammergerichtsrat, das Jahr drauf Geheimer Justizrat. Eine Bilderbuchkarriere scheint sich anzubahnen, denn 1777 ernennt ihn der König zum Präsidenten der Neumärkischen Regierung mit Sitz in Küstrin. Die Garnisonsstadt zwischen Oder und Warthe trennt ihn von Madlitz nur eine halbe Tagesreise.

Beflügelnde Aussichten für Friedrich Ludwig Karl, dem nichts lieber wäre, als das väterliche Gut betreuen zu können. Daß er seinen Drang nach vom Hofe unabhängiger Tätigkeit bereits Ende 1779 zu stillen vermag, ist das Resultat eskalierenden Streites zwischen einem Mühlenbetreiber und Graf Schmettau, seinem Gutsherren.

Urheber jener viel Staub aufwirbelnden Affäre ist ein gewisser Müller Arnold aus Pommerzig (Neumark). Der unterstellt in einer Klage bei der Neumärkischen Regierung dem Landrat von Gersdorf, dieser zöge ihm durch Anlegen eines Karpfenteiches das zum Betrieb des Mahlwerkes unentbehrliche Wasser ab, wodurch er dem Grafen Schmettau den Pachtzins für die Mühle schulden müsse. Daraufhin wird Arnold zu Peitschenhieben und Gefängnis verurteilt sowie von seiner Mühle vertrieben. Der Müller, sich gedemütigt fühlend, erkennt den Richterspruch nicht an und macht sich schnurstracks auf den Weg zur Bittschriftenlinde in Potsdam, wo seine Beschwerde, exakt protokolliert, auf dem Schreibtisch des Alten Fritz landet. Der läßt den Fall vom Berliner Kammergericht prüfen, doch die ondulierten Perücken bescheinigen die Legalität des Verfahrens. Und sie haben auch noch recht.

Friedrich II. (1712–1786)

Allegorie auf den Müller–Arnoldschen Prozeß 1779

****

Starker Tobak für den König, der wutschnaubend interveniert, zumal er die beteiligten Juristen als Canaillen betrachtet, "die keinen Schuß Pulver wert sind", und einem Offizier mehr glaubt als jeder trockenen Advokatenseele. Also kassiert er, ohne mit der Wimper zu zucken, das in Küstrin gegen den Müller verhängte Urteil und läßt vier beteiligten Regierungsräten Festungshaft aufbrummen. Großkanzler von Fürst, Präsident eben jenes Berliner Kammergerichts, wirft er, begleitet von drastischen Worten wie "Halt's Maul!" und "Marsch, seine Stelle ist schon vergeben!", kurzerhand aus dem Verhandlungszimmer – und mit eindeutig fuchtelndem Krückstock aus dem Schloß. Natürlich gerät auch Finckenstein, dessen Mißgeschick darin besteht, Erster Präsident der Neumärkischen Regierung in Küstrin zu sein, in den Strudel der Affäre und erhält ebenfalls den Laufpaß.

An den Etats–Minister von Zedlitz, der den König bittet, "die armen Arrestanten von der auf sie geworfenen Ungnade zu befreien", fügt er in einer Willenserklärung eigenhändig hinzu: "Der Herr wird Mir nichts weiß machen. Ich kenne alle Advokaten–Streiche und lasse mich nicht verblenden. Hier ist ein Exemple nöthig, weil die Canaillen enorme Meinen Namen missbraucht haben, um gewaltige und unerhörte Ungerechtigkeiten auszuüben. Ein Justitiarius, der chicaniren thut, muß härter als ein Straßenräuber bestrafet werden, denn man vertraut sich an ersteren und vor letzterem kann man sich schützen."

In dieser Schärfe gewiß eine seltene, obgleich in guter Absicht begangene Entgleisung des Philosophen von Sanssouci, die nach des Soldatenkönigs rauhen Umgangssitten riecht und von dessem hitzigen Blut sich einige Tröpfchen wohl auch in Friedrichs Adern tummeln. Während sich der Adel in Berlin beeilt, die Kabinettsjustiz des Königs zu Gunsten des gewieften Müllers als blanke Willkür anzuprangern und dem geschaßten Großkanzler zu huldigen, ziehen tausende Bauern und Kätner aus der Mark und Pommern mit Kind und Kegel vor das königliche Schloß, wo sie, Bittschriften in den Händen, den Alten Fritz hochleben lassen, der, wie sie beharrlich glauben, auch dem notleidenden Bauern zu seinem Recht verhelfe.

Friedrich klappt die Akte "Müller Arnold" zu, als er am 14. Dezember 1779 in den "Berliner Nachrichten" folgende Schrift publizieren läßt:

"Sie müssen nur wissen, daß der geringste Bauer, ja was noch mehr ist, der Bettler ebensowohl ein Mensch ist wie seine Majestät sind, und dem alle Justiz widerfahren muß; indem vor der Justiz alle Leute gleich sind, es mag sein ein Prinz, der gegen einen Bauern klagt oder umgekehrt, so ist der Prinz vor der Justiz dem Bauern gleich, und bei solchen Gelegenheiten muß nach der Gerechtigkeit widerfahren werden, ohne Ansehen der Person."

Umwälzender oder, sagen wir revolutionärer ging's nicht, und als ob man nach solchen Worten begierig lechzt, verbreiten sich diese wie ein Lauffeuer durch ganz Europa. Auch als Friedrich erkennen muß, "daß der verfluchte Kerl, der Arnold", ihn hinters Licht geführt hat, nimmt er seine strengen Urteile gegen die konservativen Zöpfe der Justiz nicht zurück, denn eben jener Müller–Arnold–Prozeß bietet ihm eine günstige Gelegenheit, das seit 1780 vorbereitete Allgemeine Gesetzbuch für die preußische Monarchie auf den Weg zu bringen. Dennoch kann es erst 1794 als "Allgemeines Landrecht für die preußischen Staaten" in Kraft gesetzt werden. Manche nennen es das fortschrittlichste mitteleuropäische Gesetzwerk vor Napoleons Code civile von 1804.

Für Graf Finckenstein, dem Duckmäusertum zuwider ist, erweist sich der Sturz vom Chefsessel der neumärkischen Regierung eher als nützlich, denn endlich hindert ihn nichts und niemand daran, seine unbändige Landlust auszuleben, so verzichtet der 34jährige Vorruheständler, wenigstens vorerst, auf jedes noch so geartete Staatsamt. Er zieht sich ein-

✻✻✻✻✻✻✻✻✻✻✻✻✻✻✻✻✻✻✻✻✻✻✻✻✻✻✻✻✻✻✻✻✻✻

fach nach Madlitz zurück, um zu privatisieren und den Rükken frei zu haben, seinem Hang nach familiärer Geborgenheit, nach Literatur, Musik und Realisierung des langgehegten Parktraumes zu folgen. Seine musische Natur verlangt einen Ort der Ruhe und Besinnung, unbelastet amtlicher Querelen. Nun kann er das Madlitzer Gutshaus persönlichem Geschmack anpassen, womit dessen glanzvollste Periode beginnt, als Gegenentwurf zur steifen höfischen Etikette. Rousseau, der Begründer des Naturrechts, läßt grüßen, auch wenn er nicht in der Bibliothek des Präsidenten zu finden ist.

Am 21. Oktober 1786 (der Alte Fritz teilt sich inzwischen die Gruft der Potsdamer Garnisonskirche mit seinem Vater) bittet Finckenstein von seinem Madlitzer Asyl aus Friedrich Wilhelm II., das Kammergerichtsurteil im Müller–Arnoldschen Prozeß zu publizieren, da Friedrichs Machtspruch dies bisher verhindert habe. Um seiner Ehre willen und die aller schuldlos um "Aemter und Brod und zur Festung " gebrachten Personen.

Der für seine Günstlings– und Mätressenwirtschaft später oft genug gescholtene Lüderjan, des großen Onkels kleiner Neffe, zaudert nicht, den Regierungspräsidenten a.D. und die Richter zu rehabilitieren. Doch lehnt es der einst Gemaßregelte energisch ab, erneut in Staatsdienste zu treten, Büro– oder gar Hofluft zu atmen. Sein Credo ist der mit der Scholle innig verbundene Landedelmann, für den auch die Beschäftigung mit Künsten und Wissenschaften keinerlei Widerspruch bedeutet zum elitären Rang, der ihm lediglich durch Geburt in den Schoß gefallen ist. Trotzdem versagt er sich nicht gänzlich staatlichen Aufgaben, so als Direktor des kurmärkischen Ständekomitees zur Prüfung des Allgemeinen Gesetzbuches. Zugleich opponiert er gegen den aufklärerischen Geist dieses Gesetzeswerkes, das, so glaubt er, die über allen Absolutismus hinweg unverlorenen Rechte des märkischen Adels gefährde.

Aufgewachsen in der Berliner Wilhelmstraße wie seine Frau, eine geborene Gräfin von Schönburg–Glauchau, ist der Präsident unbestrittener Mittelpunkt der Madlitzer Gesellschaft.

****

Zwischen 1771 und 1793 schenkt ihm die Gräfin 13 Kinder, von denen drei Ihr Leben bald wieder aushauchen – eine Kindersterblichkeitsrate unter dem Durchschnitt. Was damit zu tun haben mag, daß die Eltern, naht eine Entbindung, zum Palais des Kabinettsministers eilen, wo ihnen der königliche Hofarzt Muzelius zur Hand geht.

Einmal verpaßt man es, beizeiten die Pferde anzuschirren, und so erblickt am 21. April 1779 ein Mädchen im Reisewagen zwischen Vogelsdorf und Dahlwitz, im Kreise Nieder–Barnim, das Licht der Welt. So regelwidrig die Umstände der Geburt auch sind, die Mutter nimmt den "Betriebsunfall" humorvoll, und folglich wird der Fratz Barnime heißen.

Sie, die dritte von sechs Schwestern, vermählt sich 1809, da ist Barnime 30, mit dem (geadelten) Ritterschaftsrat Wilhelm von Schütz. 1812 stirbt sie. Das einzig Besondere an ihr scheint der Mädchenname. Dagegen brillieren zwei jüngere Schwestern, Henriette und Karoline, durch ihren herrlichen, manche sagen göttlichen Gesang. Ein Talent, das sie von beiden Eltern geerbt haben, zumal der Vater, der Präsident, dichtet und komponiert. Auf einem englischen Piano begleitet, entzücken die Komtessen, ohne jede Affekthascherei, ihr Publikum mit einem breitgefächerten Programm: von italienischer Kirchenmusik bis zu Christoph Wilibald Glucks Oper "Alceste".

Als Dichter im Sinne der Weimarer Klassik versteht sich der Präsident nicht. Vielmehr unternimmt er den Versuch, und das ist unbestritten sein Verdienst, die antiken griechischen Dichter von zur Rohrflöte gesungenen Hirtenliedern, die alten Bukoliker, in gebundener Sprache zu übersetzen. Dem ersten Band, 1789 erschienen und prächtig ausgestattet, gibt er den Titel "Arethusa", benannt nach einer Quelle auf der Insel Orthygia, einem Stadtteil von Syrakus. Darin eingebettet sind die Idyllen des Dichters Theokrit, den ab 1853 Eduard Mörike ins Deutsche übersetzt. 17 Jahre später – Napoleon zieht dem inzwischen gedemütigten Preußen eiskalt die Daumenschrauben an – folgt eine erneute Auflage, die auch Poeten wie Bion und Moschus berücksichtigt.

****

Schwerter in Sicheln verwandeln

Er gibt auch Ewald von Kleists "Der Frühling" (1749) heraus, ein in 460 Hexametern abgefaßtes Gedicht, das eindringlich die Schrecken des Krieges schildert, aber auch die friedliche Arbeit des Landmanns und den Forschertrieb des Gelehrten feiert.

"Ihr (Fürsten), denen zwanglose Völker das Steu'r der Herrschaft vertrauen,

Führt Ihr durch Flammen und Blut sie zur Glückseligkeit Hafen?

Was wünscht Ihr, Väter der Menschen, noch mehrere Kinder? Ist's wenig,

Viel Millionen beglücken? Erfordert's wenig Mühe?

O, mehrt Derjenigen Heil, die Eure Fittiche suchen!

Deckt sie gleich brütenden Adlern, verwandelt die Schwerter in Sicheln,

Belohnt mit Ehren und Gunst Die, deren nächtliche Lampe

Den ganzen Erdball erleuchtet, setzt Gärtener zur Baumschul' der Menschen,

Laßt güldne Wogen im Meer, fürs Land, auch Schiffahrt sich türmen,

Erhebt die Weisheit im Kittel und trocknet die Zähren der Tugend!

Empfohlen haben mag es dem Präsidenten jenes im "Frühling" anschaulich beschriebene Landleben, daß es sich die modisch verspielten lebensunechten Schäfermaskeraden versagt und fast rebellisch klingt, wenn es die Fürsten ermahnt, statt blutige Kriege anzuzetteln, den Wohlstand der Völker zu heben, und an sie appelliert, Schwerter in Sicheln zu verwandeln. Die Analogie zu den Forderungen einstiger Bürgerrechtler in West und Ost, Schwerter in Pflugschare umzuschmieden, ist frappierend!

Friedrich Ludwig Karl Graf von Finckenstein

Karoline Wilhelmine Albertine Gräfin von Finckenstein

Wahrscheinlich nutzt der Präsident für Recherchen auch seine Hausbibliothek. Darin versammeln sich zuletzt über tausend Bände, und Finckenstein fügt manches Werk aus eigener Feder hinzu: neben Studien zur antiken sowie aktuellen Literatur, philosophischen, religiösen, staatsrechtlichen Aufsätzen und Themen der Bildenden Kunst gesellen sich Gartenschriften, zum Teil ungedruckte und verfaßt nach weitgehender Beendigung der Parkarbeiten, die ihn als exzellenten Gartenschöpfer ausweisen und Zeugnis geistiger Mobilität sind. In die Forschungsarbeiten werden auch die älteren Söhne eingespannt. Sie durchwühlen alle verfügbaren Berliner Bibliotheken, um gemäß der Wunschliste des Vaters Exzerpte anzufertigen.

Überhaupt die Kinder! Die privat unterrichteten "lieben Kleinen" stellen das Haus auf den Kopf, wenn sie nur irgendeinen Anlaß wittern. Allein der Trubel um Feier- und Geburtstage – bei immerhin zehn Gören! Die Eltern, ganz auf Harmonie bedacht, tolerieren ihre harmlosen Schelmereien, und sie belustigen sich köstlich an den herumtobenden Rangen, deren Kinderstube mit dem großen Sofa das Haus beherrscht. Fast alle spielen Klavier, und alle sind, gleichgültig in welchem Maße, der Poesie erlegen.

Friedrich II., für den Deutschlands moderne Autoren ein rotes Tuch sind, ereifert sich über "Götz von Berlichingen", der eine widerwärtige Nachäffung schlechter englischer Vorbilder sei (womit Shakespeare gemeint ist, dessen Stücke er abgeschmackt findet). Zu allem Überdruß spende das Theaterpublikum noch Beifall und fordere gar die Wiederholung solcher widerwärtigen Plattheiten. Ein Fünkchen Realismus scheint im Preußenkönig dennoch zu walten, wenn er voraussagt, auch Deutschland werde einst keinen Mangel an klassischen Dichtern haben, und es könne soweit kommen, daß "unsere verfeinerte Sprache um ihrer Schriftsteller willen von einem Ende Europas zum anderen" dringe. Noch seien die großen Tage der deutschen Literatur nicht angebrochen, aber nahe. Er schweift in die Ferne, obwohl die klassische deutsche Literatur spätestens mit Goethe, zuvor schon mit Lessings Drama "Minna von Barnhelm" oder "Nathan der Weise", bereits kraftvoll Einzug gehalten hat. Und Schillers "Räuber" sowie "Kabale und Liebe" erregt die Gemüter bereits einige Jahre vor des Alten Fritz Tod.

Im Gegensatz dazu erkennt der Präsident oder ahnt wenigstens das Phänomen Lessing, Schiller und Goethe. Für alle drei, vor allem für den Verfasser des Bestsellers "Die Leiden des jungen Werther", zeigt er eine Schwäche. Noch ein anderer Dichter gewinnt mit romantischen Novellen und Romanen seine Aufmerksamkeit: der 1773 in einem der ältesten Berliner Stadtviertel, in der Roßstraße 1 auf der Fischerinsel geborene Ludwig Tieck (älterer Bruder des Bildhauers Christian Friedrich Tieck). Ab 1802 ist der Theologe und Geisteswissenschaftler freudig begrüßter Gast in Madlitz, mehr noch Ziebingens, eingeführt von Wilhelm von Burgsdorff, einem Neffen des Präsidenten. Der 28 Jahre ältere Graf, der Ziebingens Rittergut erst für den Neffen bewirtschaftet und 1807 kauft, beweist ihm Jovialität und wird später sein väterlicher Gönner.

* *

Schloß Ziebingen

Am 25. Mai 1803 dankt ihm Tieck in einem Brief aus Ziebingen für die gütige Aufnahme, die er ihm und seiner Frau habe angedeihen lassen. Noch immer sprächen sie von dem schönen Aufenthalt in Madlitz und von den herrlichen Tagen, die sie dort genossen haben. Bedauerlich sei nur gewesen, daß der Graf sich ihrer Gesellschaft so lange entziehen mußte. Man könne seinen Garten, so schreibt er überschwenglich, gar nicht gesehen haben, ohne die Bilder aus ihm immer in der Phantasie zu behalten und sich auch in der Abwesenheit an den Eindrücken zu ergötzen, die er so bleibend hinterlasse. Tieck, ergriffen vom Gartenwerk des Präsidenten, beteuert, in dessen Gesellschaft selber die größte Lust zu verspüren, das Land zu bauen und in der Natur und mit der Natur zu leben. Nun aber, da er und seine Frau wieder in Ziebingen seien, fänden sie es dort, nach dem Aufenthalte in Madlitz, recht einsam.

Komplimente, um nicht zu sagen Schmeicheleien für den Grafen, obwohl Ziebingen, im Vergleich zu Berlin, nur schmale Kost zu servieren hat. Doch eremitenhaft leben die Tiecks keineswegs, da es ihnen an Gästen nicht mangelt. Einer davon ist Wilhelm von Schütz, wie Burgsdorff ebenfalls

* *

ein Schulkamerad, der bis 1811 auf einem der Vorwerke des Gutes Ziebingen als Landrat und Direktor der neumärkischen Ritterschaft amtiert. Mit ihm, dem Erzähler schwärmerischer Dramen, der sich durch Kauf eines Gutes das Von erwirbt, und dem wissenschaftlich versierten Ziebinger Pastor Kadach pflegt Tieck einen regsamen ideellen Austausch. Oftmals im Beisein einiger von der gräflichen Familie herzlich aufgenommener Freunde.

Zu dieser Zeit ist der Sohn eines betuchten Seilers, der gern Schauspieler geworden wäre, hätte ihm der Vater nicht rigoros den Weg dahin versperrt, in der Literaturszene kein Neuling mehr. 1794 lebt er in Berlin als freier Schriftsteller, publiziert in Friedrich Nicolais Verlagsbuchreihe "Straußenfedern" witzig–belehrende und parodistische Novellen. Dessen Sohn Carl August druckt erste Frühwerke Tiecks wie "Der blonde Eckbert" und "Ritter Blaubart". Danach erscheinen, nicht mehr bei Carl August, mit dem er sich überwirft, "Der gestiefelte Kater", sein einziges noch heute lebendiges Werk, "Die verkehrte Welt", "Die sieben Weiber des Blaubart" sowie andere Volksmärchen und Satiren. Schon damit erklärt sich Tiecks immense Wirkung auf die gesamte Literatur der deutschen Romantik. "Nach den Schlegeln", so bringt es Heinrich Heine 1836 in seiner Romantischen Schule auf den Punkt, "war Herr Ludwig Tieck einer der tätigsten Schriftsteller der romantischen Schule. Für diese kämpfte und dichtete er. Er war Poet, ein Name, den keiner von den beiden Schlegeln verdient. Er war der wirkliche Sohn des Phöbus Apollo, und wie sein ewig jugendlicher Vater führte er nicht bloß die Leier, sondern auch den Bogen mit dem Köcher voll klingender Pfeile. Er war trunken von lyrischer Lust und kritischer Grausamkeit, wie der delphische Gott..."

Glühende Anhänger plazieren ihn hinter Goethe und Schiller, zu denen er im August 1799 nach Weimar pilgert. Und Schiller, dem der literarische Aufsteiger aus Berlin "gar nicht übel" gefällt, fragt bei Goethe an, wie er denn mit dem Preußen, der übrigens unangemeldet am Frauenplan vorgedrungen war, zufrieden sei.

Ludwig Tieck, der "König der Romantik"

* *

Unangemeldet bei Goethe

Der Auftakt jener persönlichen Beziehung zwischen so ungleich gearteten Männern liest sich eher wie eine Anekdote: Goethe, mit Tiecks Namen (noch) nichts anzufangen wissend, befiehlt, den Störenfried abzuwimmeln, was dem Diener freilich mißlingt. Schließlich erscheint der Geheimrat höchstselbst im Vorzimmer. Erfreut verbeugt sich Tieck, und Goethe, dem hereingeschneiten jungen Dichterkollegen freimütig ins Gesicht sagend, dieser möchte ihn gewiß nur sehen (begaffen verkneift er sich), dreht sich einmal um die eigene Achse und meint, er habe ihn ja nun gesehen und könne sich trollen. Schon will sich der Geheimrat in seine hinteren Räume zurückziehen, da bittet Tieck, schlagfertig genug, ihm einen weiteren Augenblick Gehör zu schenken, worauf Goethe verärgert die Olympierstirn runzelt und fragt, was es denn noch zu klären gebe. Jetzt ganz der seriöse Händler, erkundigt sich Tieck, welche Summe er für die Besichtigung berappen müsse. Hätte sich Ludwig Tieck wirklich so keck aufgeführt, ein Rausschmiß wäre ihm so sicher wie das Amen in der Kirche gewesen. Statt dessen wird er Goethe in Jena, wo der Vielbeschäftigte gelegentlich arbeitet, noch mehrfach besuchen.

Von Weimar nimmt Tieck die Post nach Jena. Befreundet sich dort mit dem späteren Salinendirektor Friedrich von Hardenberg, der sich Novalis nennt und dessen "Blaue Blume" Sinnbild der deutschen Frühromantik ist. Begegnet hier auch den Häuptern der deutschen Frühromantik, den Schlegel-Brüdern, die 1796 in Herzog Karl Augusts Universitätsstadt auftauchten, Goethe "als dem größten Genie seit Shakespeare" huldigen, Schiller dagegen kübelweise mit Hohn und Spott überschütten. Tieck, dessen Frau Amalie und Töchterchen Dorothea wohnen vom Oktober bis Mitte nächsten Jahres im Hause der Brüder Schlegel. Jener Zirkel freier Geselligkeit ist viel beisammen, seine Mitglieder scheinen sich gut

* *

und gerne auszuhalten. Selbst wenn Amalie eine schlechte Figur dabei macht und "bei den stundenlangen Vorträgen ihres so fesselnd lesenden Mannes wie auch der Lektüre von Dichtern einzuschlafen pflegt" (Dorothea Veit–Schlegel an Tiecks Schwester). 1822 wird Ludwig Tieck in einem Brief an Friedrich Raumer, Autor der "Geschichte der Hohenstaufen" und Begründer des "Historischen Taschenbuchs", verbittert schreiben, daß er die Schlegel nicht zu seinen Freunden rechnen mag.

Friedrich Schlegels 1799 in Berlin gedruckter einziger Roman "Lucinde", ein trotziger Lobgesang auf die freie Liebe und die von reiner Sympathie genährte Verbindung zweier Menschen nimmt die Pseudomoral des Adels wie des Bürgertums aufs Korn. Damit sticht er in ein Wespennest und erntet Stürme der Entrüstung. Obendrein besitzt das Buch einen stark autobiografischen Anstrich: Schlegel, der Predigersohn aus Hannover, lebt in wilder Ehe mit der Tochter des berühmten Moses Mendelssohn, Dorothea Veit, die er 1797 bei Rahel Levin zufällig kennengelernt hat. Aus der vorerst diskreten Verbindung macht Dorothea, die mit dem jüdischen Bankierssohn Simon Veit getraut ist, eine öffentliche, indem sie sich Anfang 1799 von ihrem Gatten scheiden läßt, mit Schlegel nach Jena geht. 1804 schließlich heiraten die beiden in Paris.

Es folgen Aufenthalte Tiecks in Hamburg und Dresden, wo er Heinrich von Kleist begegnet sowie den romantischen Malern Caspar David Friedrich und Otto Philipp Runge, der mit seiner Skizzen– und Bildermappe zu Tieck nach Ziebingen reist.

* *

Ziebinger Tafelrunde

Nun hat es Tieck in das südöstlich von Frankfurt, jenseits der Oder gelegene Ziebingen verschlagen, in jenes alte Ordensdorf der Johanniter, einem wichtigen Verkehrsknotenpunkt zwischen Schlesien und Brandenburg. Dessen Kurfürst Joachim II. und sein Bruder Markgraf Hans hatten schon 1539 befohlen, daß sämtliche "aus Schlesien, Böhmen und der Lausitz über Crossen kommenden Fuhrwerke fortan ihren Weg über Ziebingen nach Frankfurt sowohl als nach Küstrin nehmen sollten." Während Ziebingen das Privileg genoß, fast ohne Zunftbeschränkungen nahezu alle städtischen Dienstleistungen anpreisen zu dürfen, mußten sich viele Orte im Sternberger Land damit noch 300 Jahre gedulden. So erklärt sich auch, warum der Ort um 1800 auf 110 Feuerstellen 522 Seelen zählte und die Einheimischen über Ziebingen als von einem Marktflecken sprachen, obwohl es zu keiner Zeit einen Jahrmarkt veranstaltet hat.

Laut Katasteramt der lebusischen Kirche belehnt 1472 Kurfürst Albrecht Achilles das Geschlecht von Winning mit 21 Hufen. Ihm folgen die Löben. 1751 bestätigt ein Lehnbrief die Anwesenheit der Burgsdorffs, von denen es, nach Akten im Familienarchiv zu Madlitz, Regierungspräsident Graf von Finckenstein 1807 erkaufte – "mit allen Pertinenzien" (Zubehör), wobei er sich um "den Ausbau und die Ausmeublierung des neuen Wohnhauses" kümmert. 1845 ersteigern es die Hohenzollern, um ein Fideikommiß für ihre Prinzen zu bilden, doch schon 1857 erwerben es die Finckensteins zurück.

Vom Grenzübergang in Frankfurt erreicht man nach etwa halbstündiger Autofahrt Cybinka, das frühere Ziebingen. Wer den mittelgroßen Ort zum erstenmal besucht und des Polnischen unkundig ist, hat es nicht leicht, sich in dem, wie Joseph von Eichendorff 1811 schrieb, "großen Dorf" zu orientieren, vor allem wenn es Raritäten betrifft wie das Schloß,

Ziebinger Kirche

Ehemaliger Schloßpark

****

genauer gesagt das Areal, wo es einmal stand. Wir hätten eben an ein Deutsch–Polnisches Wörterbuch denken sollen!

Den ersten Polen, einen Großvater, der mit seinem Enkel offensichtlich einkaufen war, fragen wir nach dem Schloß. 'Dzien Dobry', stottern wir. Damit ist unser polnischer Sprachschatz restlos erschöpft. 'Dzien dobry', erwidert der Großvater und wirft uns wohlgesinnte Blicke zu: 'Ich wennig deitsch sprechen. Leideer...' Auch die Schokolade, die wir dem Jungen zustecken, ändert nichts daran. Schließlich zeigt der Alte auf eine Tankstelle. 'Chef sprechen deitsch. Ein wenig.'

Den wir für den Tankwart halten, ein sehr beschäftigter Mann, hebt beide Hände und schüttelt den Kopf. Als wir einen allerletzten Versuch starten – mit russischen Vokabelresten und Luftmalereien, die ein Schloß darstellen sollen, beäugen uns erstaunt die sich hier mit Zigaretten und Cola versorgenden Fernlastfahrer. Wir kapitulieren und ziehen ab.

Ein dunkelgekleideter, einem pensionierten Professor ähnelnder Herr, den wir an der Kirche treffen, kann mit "Schloß" etwas anfangen. 'Ist kaputt', sagt er, 'ist abgebrannt'. Das Eingangsportal zum Park sei noch vorhanden, allerdings ohne schmiedeeisernes Tor, und anstelle des Schlosses stünde ein kasernenartiger Plattenbau für den polnischen Grenzschutz. Deswegen dürfe man jenen Teil des Schloßparkes nicht betreten. Er lächelt wie einer, der über Ziebingen ganze Bücher schreiben könnte.

Und der Bahnhof? Die Gleise lägen ja noch, seien intakt, aber Personenzüge hielten in Cybinka schon lange nicht mehr, nur Güterzüge mit Kohle. Er empfehle uns, sagt er plötzlich in fast akzentfreiem Deutsch, wobei er in südwestliche Richtung deutet, das Russendenkmal anzuschauen. Es sei gleich nach dem Krieg gebaut worden.

Es handelt sich freilich um ein Monument, das sich nur schwer in die ländliche Idylle des 2550–Einwohner–Städtchens fügen will. Seine Ausmaße sind einfach zu gigantisch. Und zwischen all den vaterländischen Heldenbrüsten, gleich vorn an der rechten Flanke des granitenen Rondells,

* *

taucht unerwartet "Väterchen" Stalin auf. Als Reliefguß in der gängigen Pose des schnauzbärtigen Generalissimus, umkreist von kyrillischen Buchstaben: "Unsere Sache ist gerecht – wir siegten". Allen Zeitläufen zum Trotz blieb der einstige Kremlherrscher bislang unversehrt, auch von Grafittikünstlern. Wohl nicht aus Pietät, vielleicht nur, da man hierzulande Geschichte offenbar lockerer bedenkt. So richtet der "Stählerne" noch immer den Blick ostwärts, von wo seine Rotarmisten Hitlers auf Sieg getrimmte Divisionen bis an des "Führers" Reichskanzleibunker jagten.

Vom Rondell führen mehrere Stufen zu einem circa sechs Meter emporragenden Sockel, den eine überlebensgroße Bronzefigur krönt. Schirmmütze, Uniformmantel, Schulterriemen und hohe Stiefel weisen sie als Offizier aus. Das Plateau dahinter birgt, in Karrees von zumeist 25 Gräbern, die sterblichen Überreste von 566 Offizieren der 33. Armee, gefallen zwischen Februar und Mai 1945. Jedes der im grünen Rasenteppich eingebetteten Gräber schmückt ein Obelisk mit rotem Sowjetstern. Eine Marmortafel nennt den Namen des Toten, sein Geburts- und Sterbedatum. So hat der Tod wenigstens einen Namen. Gegen das Vergessen hier und da flackernde Öllämpchen.

Das Pendant für 3600 Soldaten der 33. Armee, angelegt am südöstlichen Ortsrand, ist nicht weniger kolossal als das ihrer Offiziere, doch, einen Kilometer vom Stadtzentrum entfernt, verläuft sich dahin selten ein Besucher. Soldaten und Offiziere, die gemeinsam ihr Blut vergossen, getrennt im Tod – ein befremdliches Hierarchie-Gebaren.

In seinem 1995 gedruckten, gut 400 Seiten dicken Kriegsreport "Durchbruch an der Oder" schenkt der britische Militärhistoriker Tony Le Tiessier Ziebingens abruptem Ende als neumärkischer Ort ganze fünf Zeilen: "Noch weiter südlich", heißt es lapidar, "erreichte die 33. Armee über Ziebingen die Oder bei Aurith und errichtete am Westufer bei Vogelsang, unmittelbar nördlich von Fürstenberg, einen weiteren Brükkenkopf. Die deutschen Bewohner wurden umgehend aus den von den Sowjets eingenommenen Gebieten evakuiert."

****

Wir möchten Ziebingen nicht ohne einen Blick in seine Kirche verlassen. 1785/86 an Stelle eines hölzernen Bethauses errichtet, trägt ihr Westturm ein geschweiftes Dach mit einer welschen Haube. Bereits 1780 hatte Joachim Friedrich Ehrentreich von Burgsdorff der Dorfgemeinde Plan und Anschlag eines aus Sommerfeld stammenden Maurermeisters übergeben. 1866 durchgreifend verändert, erweiterte man den Sakralbau nach Osten hin um ein Drittel und fügte eine Sakristei hinzu.

Als wir an der Pforte rütteln, spreizt eine Frau, die neben der Kirche vor einem Grab kniet, ihre rechte Hand. "Nachmittags, fünf Uhr." Für uns leider zu spät, und so hoffen wir, daß die frühbarocke Innenausstattung der Kirche noch vorhanden ist. Der wertvolle Kanzelaltar mit dem ornamentierten Altarleuchter, das Holzepitaph für Joachim Ehrentreich von Burgsdorff, ein zu Anfang des 19. Jahrhunderts auf Leinwand gemalter "Christus unter den Pharisäern" sowie das Marmorbildnis der Gräfin Anna Finck von Finckenstein. Übrigens vermerken die Kirchenbücher gleich dreimal Ludwig Tieck als Taufpaten. 1811 trat er für eine Enkelin des Präsidenten ans Taufbecken, ebenso für das Söhnlein seines Freundes Pfarrer Kadach.

Während der Rücktour bricht ein Gewitter über uns herein. Mit Hagelkörnern, die wütend auf das Auto prasseln, ehe die Sonne wieder hervorlugt. Aber kaum ist der Fluß passiert, braut sich erneut rabenschwarz ein Unwetter zusammen, und als würden Schleusen geöffnet, stürzen die Regenmassen nur so herab. Kurz vor den Toren Berlins ist es trocken wie an einem Hundstag im August.

Im Park von Madlitz

Feldmarschall und Kronprinzerzieher Albrecht Konrad Finck von Finckenstein, der aufgrund herausragender Verdienste in der Schlacht von Malplaquet vom Kaiser 1710 die erbliche Reichsgrafenwürde verliehen bekam.

Schloß Madlitz nach seiner Restaurierung

Schloßfoyer mit renovierter Barocktreppe

Kirche und Kindergarten an der erneuerten Briesener Straße, 1998

Graf Finckenstein auf der neuen Holzbrücke am Dorfteich, 1998

Frühere Schloßgärtnerei

Roggenfeld am Friedhof

Madlitzer Dorfansicht

Der von Genelli errichtete Hallentempel nach seiner Instandsetzung

Rotude im rekonstruierten Landschaftspark

Verwaltungssitz des Finckensteinschen Agrarbetriebes

Weg in Richtung Alte Mühle, vorbei am Friedrichsberg

****

Hausgast Ludwig Tieck

Das Ziebinger Schloß, so die Monatsblätter des Touristenclubs für die Mark Brandenburg vom September 1932, hat vermutlich der Berliner Architekt Hans Christian Genelli, ein Freund der gräflichen Familie, noch vor Tiecks Ankunft klassizistisch verändert. Nunmehr strömt das prächtige Haus, das manche einen Palast nennen, eine heitere, würdige Stimmung aus. Zunächst logiert Tieck im Dachgeschoß, neben einem runden Festsaal, ohne Möbel, ohne eigenen Mittagstisch, insbesondere aber ohne die gewohnte Bequemlichkeit der Stadt, dafür jedoch in aparter Gesellschaft.

Ludwig Tieck muß sich, vor allem seiner Geldsorgen wegen, von jenem verträumten Ort etliches versprochen haben, kommt gleich mit Frau Amalie und Tochter Dorothea – als Hausgast Wilhelm von Burgsdorffs, seines alten Schul- und Studienfreundes aus den Tagen des Friedrichwerderschen Gymnasiums. 17 Jahre wird er in dieser relativen Abgeschiedenheit zubringen (nicht bedacht sind kleinere und größere Reisen), weshalb ihn Zeitgenossen – wie Karl Friedrich Zelter 1813 in einem Brief an Duzfreund Goethe – "Der Ziebinger" nennen. Tatsächlich weilt Tieck nur etwa die Hälfte jener 17 Jahre in Ziebingen, denn mehrfach ist er Wochen und Monate auf Reisen. Im Süden Deutschlands, dann in Frankreich und England, wo er die Wirkungsstätten Shakespeares besucht. Und sogar auf der Flucht mit seiner Schwester Sophie vor deren Ehemann. Oder er kurt in Teplitz, um seine Gicht an den Thermalquellen zu mildern.

Burgsdorff, der flatterhafte Leichtfuß, setzt Tieck während dessen mehrjähriger Reise nach Italien allzu sichtbare Hörner auf. Noch dazu ist es Amalie, mit der er den Freund betrügt. Agnes wird das unschuldige Würmchen heißen und – der Etikette wegen – Tiecks Namen tragen. Von Italien zurück, zieht Tieck, ohne sich von Amalie scheiden zu lassen, nach Madlitz. Dort hält er sich an Henriette, des alten

* *

Finckensteins Tochter, die bis zu ihrem Tod seine aufopfernde Freundin bleibt oder Geliebte, was auf das Gleiche herauskommt.

Clemens Brentano trifft 1804 mit Achim von Arnim (beide geben 1806/1808 "Des Knaben Wunderhorn" heraus) in Ziebingen ein, wo ihnen Tieck das Nibelungenlied vorstellt. Im März 1805 berichtet Brentano dem preußischen Staatsminister Friedrich Carl von Savigny, daß sie bei Burgsdorff, Tieck "und dem göttlichen Kirchenmusik–Fräulein von Finckenstein" drei "Wochen in Ziebingen 2 Stund hinter Frankfurt a/ O zugebracht" haben. Den "Ziebinger Kreis" mit seiner liberalen Gesinnung schätzen auch der Geschichtsforscher Friedrich von Raumer sowie jährlich ab 1811 der Philosoph Karl Wilhelm Ferdinand Solger.

Solger, der in Frankfurt lehrt, schwärmt in einem Brief von seinen Pfingstferien in Ziebingen: "Ich machte die kleine Reise zu Pferde und wurde sehr vom Wetter begünstigt. Der dortige Aufenthalt war mir ein wahrer Genuß. Schon das prächtige Haus, das man wohl mit vollem Rechte ein Schloß nennen kann, gibt eine heitere und würdige Stimmung. Dann ist die Geselligkeit der dort versammelten gebildeten Familien, ihre Liebe und Übung der Kunst und der leichte und bequeme Abstand, der unter ihnen herrscht, ausnehmend angenehm. Vorzüglich aber hat mich der Umgang mit Tieck erfreut, der mich durch die nähere Bekanntschaft ganz eingenommen hat. Wir waren von morgen an beisammen, teils im schönen runden Bibliotheks– und Lesesaal, teils im Garten." Von Morgen an bedeutet oft genug um sieben Uhr bis abends elf oder zwölf. Dazu muß man sich als Gäste die Familien Burgsdorff, das gräfliche Paar sowie dessen zahlreiche Kinder denken. Darunter auch Henriette, welche Tieck sehnlichst begehrt. Und den benachbarten Landadel, der sich nicht selten vom Inhalt der geführten Diskussionen zu literarischen Themen überfordert glaubte.

Bereichert wird die Runde auch durch Genelli, den Tieck schon von Jena her kennt. Er hat sich in Madlitz niedergelassen, wo er u.a. eine dorische Säulenhalle erbaut und für die

****

Berliner Königliche Porzellanmanufaktur Dekore entwirft, bald aber mit Karls zweiter Schwester Karoline eine Ehe ohne Trauschein führt und damit de facto als Schwiegersohn des Präsidenten gilt. Und natürlich lauscht Henriette ihrem Ludwig, dem begabten Mimen, wenn er durch unnachahmliche Ein–Mann–Theaterlesungen zu begeistern weiß. Intendant, Regisseur und Schauspieler in einer Person, sitzt er im abendlichen Schummer an einem Tischchen, darauf die züngelnde Kerze und hinter ihm, an die Tapete geworfen, sein hüpfender Schattenriß – keine Selbstinszenierung hätte ausgeklügelter sein können.

Ludwig Tieck, der universellste Dichter der älteren romantischen Schule, hat im Ziebinger Schloß (das erst 1984 nach einem Brand abgerissen wurde) zahlreiche Dramen, Erzählungen und Lieder verfaßt. An der noch grünenden "Tieck–Eiche" auf dem Gelände des Buschvorwerkes (polnisch Bieganow) verkündete eine Tafel, daß der Dichter hier den "Gestiefelten Kater" niedergeschrieben habe. Ein Mißverständnis, denn jene satirische Literaturkomödie entstand bereits 1797 in Berlin. Eher schon handelt es sich um den zwischen 1812 und 1817 geschaffenen "Phantasus", eine Sammlung von teils früher gedruckten Märchen, Schauspielen und Erzählungen.

Als am 18. April 1818 der Präsident 73jährig in Madlitz stirbt (wo auf dem Friedrichsberg seine körperliche Hülle – ohne das Herz – beerdigt wird), verliert der Ziebinger Musensitz seinen Mäzen, Tieck die schützende Hand. Fassungslos schreibt wenig später Ludwig Tieck an Solger: "Vielleicht haben Sie es schon gehört, daß der alte Graf in Madlitz nach einer Art Schlag in Zeit von acht Tagen an einem bösartigen Entzündungsfieber gestorben ist, gestern vor acht Tagen. Ich erfuhr seine Krankheit, glaubte aber nicht, daß er so schnell endigen würde. Mich hat dieser plötzliche Fall sehr erschüttert, denn ich habe es nun erst gefühlt, wie ich ihn liebte und wie sehr er mein wahrer Freund war. So sehr er mir durch Alter, Beschäftigung und seine ganze Bildung entfernt stand, so begriff er mich doch mehr als seine Söhne und war immer der jüngste von allen, wenn es auf Gefühl für Poesie, Natur und das Schöne und Edle ankam. Er hatte eine wahre Zärtlichkeit für mich, und so sehr er mich stören konnte, so vermisse ich ihn jetzt recht schmerzlich, und es tut mir weh, daß er mein Buch über Shakespeare nicht mehr erlebt hat, für das er sich auf das lebhafteste interessierte und aus welchem ich ihm oft ganze Kapitel mündlich vorgetragen habe." Und in seiner 1834 veröffentlichten "Sommerreise": "Dieser Mann kennt, was noch so vielen Poesiefreunden eine geheimnisvolle Gegend ist, viele altdeutsche Gesänge und weiß das erhabene Epos der Nibelungen fast auswendig. Sooft ich in diesem Kreise war, bin ich besser und unterrichteter aus ihm geschieden."

Den Schlußakkord setzt Ludwig Tieck selbst, indem er 1819 mit seiner Familie nach Dresden übersiedelt. Im Konvoi Henriette Finckenstein, die nach ihres Vaters Tod frei ist und ihr nicht geringes Vermögen dieser intensiven Beziehung mit dem König der Romantiker geopfert hat. Solger, seinem engsten Freund, der den Alltag in Ziebingen kannte, teilt er mit, daß die Abreise für sie alle nötig war und heilsam. Sie wären jetzt alle wohler und heitrer. Und wenn sie sich beschränken würden, könnten sie auch hier (in Dresden) oder in einem anderen Ort sorgenfrei leben. In Ziebingen habe ihn lediglich die innigste Freundschaft und gegenseitiges höchstes Vertrauen zur Gräfin Henriette ausharren lassen. Es ist Friedrich Wilhelm IV., der Ludwig Tieck 1841 als Geheimen Hofrat nach Berlin beruft. Zwölf Jahre später wird der einst gefeierte Dichter des "Phantasus" zu Grabe getragen. In Gegenwart des Königs findet er neben Schleiermacher auf dem Dreifaltigkeitsfriedhof in Kreuzberg seine letzte Ruhestätte.

Jene im "Phantasus" geschilderte Gesellschaft sei, wie es heißt, identisch mit der von Madlitz und Ziebingen. Sicher ist auch diese Arbeit ein Gemisch aus Dichtung und Wahrheit, denn oft genug täuscht die Farbe der Erinnerung. Überlassen wir authentische Worte einem Feldprediger, der, am 14. August 1813 auf dem Weg nach Madlitz, im dortigen Schloß untergebracht werden soll, was ihm fatal ist. Gleiches gilt für einige Offiziere und deren Burschen, eine Dame mit zwei Kindern und ein kleines Mädchen. Erst als der hinzutretende Regierungsrat von Schütz im Feldprediger einen Schulfreund erkennt, scheint sich dessen Seelenzustand zu bessern.

"Nach Tische", so erinnert sich der Pastor gewogen, "ging ich mit Schütz und dem Grafen im Garten spazieren. Das Schloß liegt in einem englischen Garten, so, wie er immer sein sollte; denn er ist groß und natürlich, daß man gar kein Menschenschnitzwerk merkt. Alles ist Natur. Bäume von verschiedenen Arten, Gänge, oft mit Rasen bewachsen, eine Aussicht auf einem Berge, Wasser, eine gewöhnliche Hütte, einmal ein Sitz unter einem Baume, ein Fleckchen mit Gemüse, Obstbäume, eine Wiese, Getreide, da hast du alles." Vom oberen Stockwerk "ist es unbeschreiblich schön, in die Nacht vom mannigfaltigsten Laube und den langen grünen Weg dazwischen zu sehen". Des Grafen Töchter erlebte er als "feingebildete, sehr unterrichtete Wesen", die herrlich und schön sangen. Mit Schütz auf Unterschiede zwischen der griechischen und modernen Musik zu sprechen kommend, erfuhr er, "daß der Graf der bekannte Übersetzer von Pindar" sei.

Friedrich August Ludwig von der Marwitz

Eingang zur Zitadelle Spandau

****

Nobelhaft in Spandau

Im Herbst seines Lebens ist der Präsident, für alle sichtbar, ein gebrechlicher Mann, der bittere familiäre Verluste zu erdulden hat und dem, aufgrund der militärischen Katastrophe Preußens, persönliche Erniedrigungen nicht erspart bleiben. Am 3. August 1807, er besteigt eben die Equipage, um nach Karlsbad zu Kur abzureisen, da rücken württembergische Truppen in Madlitz ein. Nicht bloß daß sie die Vorräte des Gutes plündern, darunter den Weinkeller, schockiert den alternden Präsidenten, mehr noch die Mißhandlungen von Gutsuntertanen. Selbst Offiziere beteiligen sich an diesen Exzessen. Was nützt es, daß der württembergische König, bei dem er sich beschwert, einem Obersten und einem Major Buße auferlegt? Es wurmt ihn, daß sich zuweilen auch Edelleute als waschechte Schurken entpuppen.

Verdruß bereiten ihm jedoch vor allem jene von Stein und Hardenberg angestrebten Reformen, die, so glaubt er fest, den traditionellen Ständestaat aufheben würden. Darin wittert er einen Bruch des Rechts oder schärfer noch den Verrat der Krone an ihren treuesten Vasallen, den adligen Grundbesitzern. Ähnlich denkt sein Friedersdorfer Gutsnachbar Friedrich August Ludwig von der Marwitz, dessen Sturheit er freilich nicht teilt. Ihre rechthaberisch betriebene Adelsopposition gegen Hardenbergs Reformpolitik, deren Ziel es ist, "Hörigkeit, Leibeigenschaft, Erbunterthänigkeit oder Gutspflicht" abzuschaffen, gipfelt in einer von den Ständen des Kreises Lebus im Mai 1811 an König Friedrich Wilhelm III. überreichten Bittschrift. Darin pochen sie auf die alten, sogar über den Absolutismus hinweg unverlorenen ständischen Rechte des märkischen Adels. Der ungebührliche Ton muß selbst den leutseligsten Monarchen brüskieren.

Preußens Staatskanzler Hardenberg, dem Liebenswürdigkeit und Taktgefühl nachgesagt werden, platzt der Kragen. Aufgebracht beschließt er, Finckenstein und Marwitz sofort in die

* *

Spandauer Zitadelle einzulochen – als Denkzettel für Adelskumpane. Zu diesem Zweck begibt sich Mitte Juni 1811, eskortiert von Polizeidienern, ein mürrisch gestimmter Kammergerichtsrat nach Friedersdorf bei Seelow. Doch in seinem Revers steckt kein richterlicher Urteilsspruch, sondern eine von Hardenberg dem König abgeluchste Order: Herrn von der Marwitz und Graf Finckenstein in Gewahrsam zu nehmen. Das allerdings geschieht in schonendster Weise und bedächtig. Erst zum Abend hin geht es nach dem 20 Kilometer entfernten Madlitz, wo Hardenbergs Adlatus dem Präsidenten, der schon im 67. Lebensjahr steht, einen Tag Aufschub bewilligt. Eiliger Gutsgeschäfte wegen.

Den Morgen darauf, es ist ein Sonnabend, machen sich die Herren gegen halb sieben in zwei Kutschen auf den Weg. Doch es scheint wie verhext: mal springt der Reifen eines Rades ab, mal gibt es Ärger mit einer Radbuchse. So zuckelt man über Wilmersdorf, Arensdorf und Heinersdorf nach Müncheberg, wo sie aufgrund dringender Reparaturen erst die zehnte Stunde fortkommen. Um eins wird beim Vogelsdorfer Postvorsteher zu Mittag gespeist, vier Stunden später, gegen 17 Uhr, erreichen sie die "Linden", von zahllosen Flaneuren erkannt.

Nach einem Tee im Hause des Exministers Voß, wo sie einen Plausch mit Karl, dem jüngeren Voß, sowie dem Dichter Achim von Arnim haben, fahren sie zum Brandenburger Tor hinaus, "um recht gesehen zu werden". Die Rechnung geht auf, denn sie begegnen u.a. der Prinzessin Ferdinand und dem Kronprinzen. Keiner ist darunter, der sie nicht erkennt. Ungewollt beobachtet Friedrich Wilhelm III. mit seinem ganzen Hofstaat und Kindern ihre Vorbeifahrt am Schloß Charlottenburg. In Marwitzens Tagebuch dazu mit einem Anflug von Häme: "Daß die Scham nicht auf unserer Seite war, versteht sich von selbst." Noch vor acht Uhr rattern sie, die Zugbrücke passierend, in den Spandauer Festungshof. Begrüßt vom Kommandanten, einem Obristleutnant von Mandelsloh, der, was nicht unbedingt üblich ist, erst durch den Kammergerichtsrat erfährt, wen man ihm da aufhalst.

* *

Finckenstein und Marwitz schmoren freilich nicht mehr in einem dumpfen Verlies wie 1402 der aufmüpfige Wegelagerer Dietrich von Quitzow, der, von den Spandauern in der Schlacht bei Kremmen überrumpelt, in den Juliusturm gesteckt wurde. Zur Vernunft sollen die beiden Herren finden und sich nicht gegen notwendigen sozialpolitischen Wandel stemmen. Den empörten märkischen Granden deucht es nicht geheuerlich, daß Marwitz, seit dem 13. Lebensjahr Soldat und nun Major, sowie der älteste Sohn des Kabinettsministers Friedrichs des Großen wider Recht und Gesetz ihrer Freiheit beraubt sind. Zwar mit königlicher Billigung, jedoch ohne Anklage und Zuhilfenahme befugter Richter. Schon fragt man sich, wem es nunmehr an den Kragen gehen könnte.

Den Inhaftierten wird im früheren Gouvernementshaus ein Saal zugewiesen, der, wie Marwitz beruhigt notiert, groß und reinlich ist und über dem Eingangsportal der Festung liegt. Sie schlafen recht gut auf ihren Matratzen, mit denen der Raum ausgestattet ist, und wenn man den Balkon vor ihrem Arrestlokal betritt, öffnen sich reizende Fernsichten nach Charlottenburg, Berlin und Potsdam. Das Hohenzollernsche Wappen, über den Fenstern in einem Bogenfeld prangend, verkündet, als wäre es kein Zufall, den Spruch des englischen Hosenbandordens: "Honni soit qui mal y pense" – Ein Schelm, der Schlechtes dabei denkt.

Sie gelten, bis auf weiteres, als Staatsgefangene, dürfen sich aber innerhalb der Zitadelle frei bewegen. Ihre nicht eben geringe Korrespondenz wird, mehr formhalber, vom Kommandanten zensiert, dessen Gemahlin die Frondeure zum Tee einlädt. Man verweigert sich nicht und nimmt an. Entrüstet allerdings reagieren Finckenstein und Marwitz über das Ansinnen, für die "Exkursion" nach Spandau sowie dortige Kost und Logie 102 Taler und 20 Silbergroschen locker machen zu sollen.

Im allgemeinen gibt es wenig Grund, Trübsal zu blasen. Freunde und Verwandte geben sich die Klinke in die Hand. Karl, der älteste Sohn des Präsidenten, eilt von Madlitz über

****

Berlin nach Spandau, seine Schwestern Caroline und Julia erscheinen ebenfalls. Finckenstein und Marwitz sind erpicht auf aktuelle Lektüre, man diskutiert wirtschaftliche Belange, militärische sowie innen- und außenpolitische Konstellationen. Für alles haben sie hier Muße, selbst die am 19. Juli auf 28 Grad im Schatten und 39 Grad in der Sonne kletternden Temperaturen trägt man ins Tagebuch ein.

Einen Fieberanfall des Sohnes glaubt Marwitz nicht ernst nehmen zu müssen, doch mit der trügerischen Nachricht, dessen Unwohlsein habe sich gebessert, kommt auch die Meldung von der Erkrankung der erst zweimonatigen Tochter. Am 31. Juli um 9 Uhr morgens erfährt er den Tod seiner "kleinen Elisabeth". Es ist jener Tag, an dem für Marwitz und Finckenstein per Kabinettsorder die noble Verwahrung endet. Allerdings erst gegen fünf Uhr, weil der Entlassungsbefehl nicht eher in Spandau eintrifft. Danach haben sie noch die Urfehde zu schwören – das eidliche Gelöbnis, wegen erlittener Freiheitsstrafe keine Vergeltung zu üben. Ein umständliches wie zeitraubendes Ritual. Endlich kann Marwitz, der schon am 26. Juli erfahren hat, daß sein Sohn an der Ruhr erkrankt ist, auf der alten Königsstraße über Vogelsdorf und Müncheberg nach Friedersdorf hetzen. Als er am 1. August gegen 5 Uhr Morgens die Schwelle seines Hauses betritt, haben er und seine Frau nicht nur das Mädchen, sondern zugleich auch den Jungen verloren. "Mit meinem Sohn", so klagt er in seinem Spandauer Tagebuch, "fielen auch alle meine Hoffnungen auf die Zukunft. Ich war gewiß, daß er ausführen würde, was ich nicht mehr erleben werde. Wie sehr schlägt Unglück, vom Himmel gesendet, uns nieder, wenn man gleich über alles erhaben ist, was Menschen uns antun können. Ich habe, spottend über ihre Ohnmacht, mein Haus vor fünf Wochen frohen Mutes verlassen. Es war der Sitz der Freude und des Glücks, und nun finde ich nichts als Elend wieder."

Später wird Marwitz seinen Intimfeind Hardenberg zum Losschlagen gegen die Franzosen ermuntern. Daß er über die verbale Geste hinaus auch tatkräftig mithilft, die preußische

****

Landwehr (als Volksbewaffnung) zu organisieren und 1815 an der letzten Schlacht gegen Napoleon teilnimmt, bringen dem patriotischen Junker, Erbherr auf Friedersdorf am Rand des Oderbruchs, den Orden "Pour le merite" und den Generalsrang. Unberührt davon sein fortgesetztes Räsonieren gegen das ohnehin ins Stocken geratene Reformwerk. Längst gehen sich die Hardenbergs und Marwitze nicht mehr aus dem Weg. Ihre Nachfahren, seit den Wendejahren in Lietzen Nord und Friedersdorf wie einst die Vorväter als Landwirte tätig, stehen miteinander auf vertrautem Fuß. Daß zwischen beiden Familien zeitweilig Verbitterung schwelte, ist ferne Geschichte.

Auch dem Präsidenten nähern sich dunkle Schatten. Ein weiteres Mal, denn erst das Jahr zuvor war seine unzertrennliche Gefährtin in 40 Ehejahren auf der Reise vom Finckensteinschen Gut Drehnow (Kreis Crossen/Neumark) nach Madlitz verstorben – im Augenblick der Frühlingswende. Nun ist es Karl, der am 29. August 1811 in Ziebingen einem Nervenfieber, auch Typhus genannt, erliegt. Gegen dessen tödlichen Verlauf konnte auch Berend, der Arzt aus Frankfurt, nichts ausrichten, weil jene Zeit Medikamente zur Heilung der Krankheit nicht kennt.

Von Privatlehrern in Madlitz ausgebildet, besucht Karl die Universität in Frankfurt an der Oder, wo er am 7. April 1793 für ein Jurastudium immatrikuliert wird. Es ist das erste Mal, daß sich der 20jährige, mit seinem herabwallenden blonden Haar eigentümlich an Novalis erinnernd, aus der Nestwärme des Elternhauses entfernt. Er möchte, was verständlich ist, in die Fußstapfen seines Großvaters Karl Wilhelm treten, studiert zwei Jahre in der Geburtsstadt Heinrich von Kleists, ehe er sich im Januar 1796 beim Generaldirektorium in Berlin bewirbt. Schon im Juni besteht er das Zulassungsexamen. Man bescheinigt ihm gute Beurteilungskraft, anwendbare und theoretische Kenntnisse. Durch Kabinettsorder vom 7. September 1797 Legationsrat im Auswärtigen Amt, dringt er zügig in sein Aufgabengebiet ein und wird in der Folgezeit an Schauplätzen europäischer Politik zu finden sein, freilich mehr als Assistent.

* *

Daß Karl Finckenstein für die Gegenwart noch tauglich erscheint, ist allein seiner Begegnung mit Rahel Levin zu danken, einer nicht eigentlich schönen, ihm und hochwohlgeborenen spießigen Kleinbürgern aber geistig überlegenen Jüdin. Beide erfaßte eine wechselseitige Zuneigung, die sich jedoch von Anfang an zwiespältig entwickelte – bis zur Einsicht, daß sie an sozial unüberbrückbarer und charakterlicher Kluft scheiterte.

Rahel Levin

****

Begegnung in der Oper

Der vergnügliche Ort, wo man sich im Winter 1795/96 erstmals begegnet, ist die von Knobelsdorff erbaute "Königliche Hofoper" Unter den Linden. Vermutlich wird Karl während einer Pause Rahel vorgestellt. Zunächst eine Geste der Höflichkeit, aus der sich Karl, verlegen vom Anteilnehmen der glutäugigen Rahel für ihn, in einen Diskurs über Musik flüchtet. Davon allerdings glaubt er mehr zu verstehen als die meisten der Logengäste, verfügt er doch über eine imponierende Stimme und ist zudem aktives Chormitglied der Berliner Singakademie unter Karl Friedrich Fasch. Rahel schwenkt auf dieses musische Thema ein, was ihn beflügelt, seine Schwestern, womit Henriette und Karoline gemeint sind, ins Gespräch zu bringen. Rahel wird später derentwegen so manches Mal auf Besuche Karls in ihrem Dachstübchen, einer Mansarde mit schrägen Dachbalken, in der Jägerstr. Nr. 24 (geboren ist sie in Nummer 54) verzichten müssen. Die Finckensteinsche Großfamilie hängt aneinander wie Kletten, in Adelskreisen durchaus nicht alltäglich.

1830 wird Rahel einem gewissen Astolf Graf von Custine gestehen: "Karl Finckenstein sah ich zuerst in der italienischen Oper, wo die Marchetti in einer Righinischen Oper sang. Ich war in der Loge der Gesandtschaftssekretäre, er neben mir in der Gesandtenloge. Weil die Logen ziemlich leer waren, fiel er mir auf, wegen seiner Blondheit; noch mehr wegen der Art wie er zuhörte. Ich sah ihm an, daß er ein Mensch sei, der sich einbilde, all dergleichen viel besser gehört zu haben. Der Musikdirektor Anselm Weber war auch neben mir; dem machte ich die Bemerkung und fragte, ob er den Menschen kenne. Da erfuhr ich seinen Namen, aber nicht, daß alle seine Geschwister und auch er das Singen so ernst und nachhaltig trieben und er wirklich meinte, in der Welt würde nicht besser gesungen als in Madlitz."

Ob Rahel ihn zum Schluß ermutigt hat, gelegentlich in der

****

Jägerstraße (wo sie bereits 1789 als 18jährige ihren ersten Salon eröffnete) hereinzuschauen? Es darf angenommen werden, daß die charmante Gastgeberin auf Besucher neugierig ist. Karl wird nach der Oper, sollte er Einladungen zum Dinner abgelehnt haben, weil ihm das jetzt belanglos erscheint, wie im Rausch zur Wilhelmstraße gehen, wo in Reichweite des Brandenburger Tores Großvater Karl Wilhelm, der Kabinettsminister schon zweier preußischer Könige, allein in seinem zweigeschossigen Palais residiert – rechnet man Karls Untermiete im zweiten Stock und einige Dienstboten ab. Friedrich Nicolai erwähnt in seiner "Beschreibung der königlichen Residenzstadt Berlin" vier ionische Wandpfeiler, die, zur Straße gewandt, das Portal zieren. Dahinter sei ein schöner Garten, welcher sich bis an die Stadtmauer erstrekke. Vornehmlich die Bäume darin müssen es Karl angetan haben, erinnern sie ihn doch täglich an Madlitz.

Geltende Anstandsregeln beachtend, geduldet er sich einige Tage, was ihm nicht eben leicht fällt, spaziert dann zur Jägerstraße, die freilich nur um die Ecke liegt. Wie zu erwarten, trifft er Rahel nicht allein an. Ihr Salon ist ja gerade für Besu-

Karl Friedrich Albrecht von Finckenstein

* *

Palais des Kabinettsministers in der Wilhelmstraße

cher eingerichtet, die anspruchsvoll über Philosophie, Religion und Recht, Literatur, Kunst und Architektur oder Medizin plaudern möchten. Und Resonanz begehren. Derartige Gespräche sind in Berlin keine Ausnahme, gilt doch jene Stadt, deren geistiges Klima nahezu frei ist von kirchlicher Zensur, wo in die Begegnungen kritischer Köpfe ganz selbstverständlich auch Frauen einbezogen werden und Juden nie ausgeschlossen bleiben, als die eigentliche Metropole der Aufklärung in deutschen Landen, vielfältiger und geschichtsträchtiger als das klassische Weimar sein konnte.

Bei Rahel findet er auch Wilhelm von Burgsdorff, seinen Cousin. Der ist, im Kontrast zu ihm, ein weltgewandter Playboy, wie man heute sagen würde, und flirtet lieber (als im Staatsdienst zu versauern), zum Beispiel mit Karoline, Wilhelm von Humboldts Frau, oder auch mit Amalie, Tiecks Ehegattin. Nicht einmal Karls vergötterte Schwestern Henriette und Karoline bleiben von des Vetters Amouren ausgenommen, bis ihm der Präsident die Leviten liest und das Haus verbietet.

Auch beim zweiten und dritten Versuch, ob nun vormittags, nachmittags oder abends, will es Karl nicht gelingen, Rahel allein anzutreffen. Stets ist jemand noch vor ihm da, der ihr seine Denk- und Gefühlswelt anvertrauen möchte. Und weil

****

sich Rahel ihrerseits den Gästen rundheraus gibt, verläuft alles unkompliziert und mit Gewinn. Niemand scheint es zu belästigen, daß Rahel Jüdin ist, deren Vater als Bankier und Juwelier zusammen mit anderen jüdischen Bankiers an der durch Friedrich II. im Siebenjährigen Krieg verordneten Münzverschlechterung beteiligt war und dabei sein Schäfchen ins Trockene brachte. Nach seinem Tod (1789) verarmen die Levins, und so mancher Salonlöwe, der bisher in die Jägerstraße kam, um sich Geld zu leihen und wohl auch mit dem Fräulein zu plauschen, macht sich plötzlich rar. So liegen Bruder Markus, dem Geschäftsinhaber, nicht allein die eigene Familie, sondern auch die Mutter sowie vier Geschwister auf der Tasche. Eine Aussteuer in der Art, daß man davon zehren könnte, besitzt Rahel also nicht, statt dessen Geistesgaben, denen sich auch Männer – seit jeher Dominanz beanspruchend – nicht immer gewachsen fühlen.

Bald sind Karl alle vertraut, die sich in Rahels Dachstube, wo es ohne Dünkel und Steifheit zugeht, regelmäßig oder auch nur spontan zusammenfinden: die Humboldts, Jean Paul, Heinrich von Kleist, Friedrich von Gentz, Friedrich Baron de la Motte Fouque' (von Freunden märkischer Dichterfürst getitelt), Carl Maria von Weber. Auch Jüdinnen wie Henriette Herz und Dorothea Schlegel, die ebenfalls Salons eingerichtet haben. In der illustren Runde fehlt selbst Preußens Idol nicht, der künstlerisch hochbegabte Prinz Louis Ferdinand, der am 10. Oktober 1806 bei Saalfeld, vier Tage vor Jena und Auerstedt, im Reiterkampf gegen die Franzosen fällt. Dessen Kammermusik und Virtuosität am Klavier zollt Beethoven, als er 1796 Berlin besucht, höchstes Lob. Gemeinsam mit dem Neffen Friedrichs des Großen musizierend, sagt er ihm geradezu, daß er nicht königlich oder prinzlich spiele, sondern wie ein tüchtiger Klavierspieler.

Aber auch romantische Sonderlinge fehlen nicht in Rahels Kreis, ebensowenig bedeutungslose Menschen, die sich zu Dutzenden einstellen, um sich, durchaus geduldet, zerstreuen zu lassen.

****

Originalität und Geselligkeit

Wenn man sich trifft, wird als einzige Erfrischung Tee serviert, dazu ein kleines Abendbrot, und jeder kann sich mit jedem unterhalten, Ideen entwerfen, Manuskripte diskutieren, eben Geselligkeit pflegen, denn in Preußens Hauptstadt spielt sich noch um 1800 das Leben meist innerhalb der Stadtmauern ab.

Rahels Salon als zwangloser Ort des Wissensaustausches, ein Jakobinerclub, der sich Freiheit, Gleicheit und Brüderlichkeit auf seine Fahnen geschrieben hat? Das ist die Dachstube allerdings nicht, denn zu demonstrativ heben sich die bei Rahel verkehrenden Damen und Herren in Stand, Vermögen und Talent voneinander ab. Originalität dagegen scheint ihre einigende Formel zu sein.

Noch im Winter oder schon in ersten Apriltagen trifft Karl zu nachmittäglicher Stunde Rahel allein an. Endlich! entfährt es Karl, und wer nach ihm an der Tür schellt, den wimmelt Rahel ab, Unpäßlichkeit vorschiebend – also Migräne. Vielleicht wäre Finckenstein derjenige, mit dem sie zu einer Welt gehören könnte, die ihr angemessen scheint, trotz Engstirnigkeit vieler Standespersonen. Anfang Mai, Rahel kränkelt oder glaubt, nicht fit zu sein, ist Karl schon wieder in Madlitz. Gründe dafür wären das Zulassungsexamen im Juni, wofür er zu büffeln hat, der Besuch Wilhelm von Humboldts und dessen Frau Karoline – und Heimweh nach der Familie, vor allem nach den geliebten Schwestern. So kommt aus Madlitz Karls erster Brief an Rahel, der ein Antwortbrief ist, datiert vom 12. Mai 1796:

"Wie glücklich hat mich Dein Brief gemacht, meine Gute! meine Liebe! Wenn Du es nur hättest sehen können, wie ich ihn so in der ersten Freude wohl zehnmal durchlas, beinahe ohne zu wissen, das ich ihn gelesen hatte, ihn immer wieder las und nicht aufhören konnte ihn zu lesen; wenn Du es nur wüßtest, wie er hier so fast meine einzige Freude ist, wie ich ihn immer bei mir trage, wie er mit mir zu Bette geht und wieder mit mir aufsteht."

Man kann das Schluchzen, Flehen und die Ängste wegen Rahels labiler Gesundheit schwer ertragen, denn Karl schreibt fast nur davon. Und ist überzeugt, daß sich keiner ihre Genesung so wünscht wie er. "Du weißt es nicht, Du kannst es nicht wissen, wie ich mich nach Dir sehne, wie ich jede Stunde zähle, bis ich wieder bei Dir sein kann, wieder mit Dir auf unserer lieben kleinen Dachstube hausen werde, wo ich immer so glücklich bin." Am Ende werden die Schwestern gelobt, die ihn so herzlich lieben und an ihm hängen. Desgleichen die Humboldt (Karoline) – gerade in Madlitz, wo sie nicht der einzige Gast ist – sei gütig und liebevoll zu ihr, wie auch er sie lieb habe. Er bräuchte in Madlitz bloß noch Rahel, um beglückt zu sein. Was ihn daran hindert, schimmert nicht einmal zwischen den Zeilen durch, als wolle er sich nur nicht festlegen.

Nach dem 20. Juni verläßt Rahel Berlin, um in Pyrmont zu kuren. Welche körperlichen oder vielleicht eher psychischen Beschwerden gelindert werden sollen, bleibt ungesagt. Sie habe, teilt sie dem Berliner Arzt und Schriftsteller David Veit, ihrem ersten Briefpartner, mit, "sieben Wochen zu Bette und höchstens aufm Sopha" verbracht. Von jenem exklusiven Badeort, wo man Königen, Fürsten, hohen Staatsbeamten und Künstlern begegnen kann, reist sie nach Karlsbad (wo sie im Sommer 1795 das erste Mal Goethe begegnet war), Teplitz und Dresden.

Obwohl abgemacht ist, im August Rahel nach Teplitz zu folgen, verlebt Karl seinen Urlaub statt bei ihr in Madlitz, also bei der Familie. "Ich will zu meinen Schwestern reisen, und vielleicht, wenn ich bei ihnen ruhiger bin, bleibe ich vier Wochen auf dem Lande. Sie sind seit ein paar Tagen von ihrer Reise zurückgekehrt und bitten mich in allen Briefen, zu ihnen zu kommen. Ich sehne mich herzlich sie wiederzusehen. Ich muß einmal wieder eine Weile mit ihnen leben, es ist mir Bedürfnis, ich fühle es, und es wird mir ewig Bedürf-

* *

nis bleiben. Mein Herz schlägt doch nie ruhiger als im Umgang mit diesen lieben, unschuldigen Wesen in diesem Lande meiner Kindheit." Nach Rahels Gemütslage wird selbst in Andeutungen nicht gefragt. Für etliche Wochen herrscht bis auf kurze Krankenlagerbriefe (Karl wird in Madlitz von einem Nervenfieber heimgesucht), Funkstille, und erst am 3. November 1796 greift Karl zur Feder:

"Meine beste, liebste Kleine, wundere Dich nicht, daß Du solange nicht von mir gehört hast. Es ist wahrhaftig nicht Nachlässigkeit. Ich bin lange, lange elend krank gewesen, und auch jetzt, so ich dies schreibe, bin ich aus Schwäche kaum imstande, meine Hand zu bewegen und bin doch schon im Genesen. Ich denke indessen, doch bald wieder auf den Beinen zu sein – und dann nach Berlin zu Dir, meine Liebe! Ich kann nicht mehr, meine Hand erlahmt mir. Schreibe mir nicht. Der Brief würde gewiß in unrechte Hände geraten."

Wir vermuten, daß Karl die "unrechten Hände" seinem Vater, dem Präsidenten, anlastet. Zwar betreibt dieser schon die Feld- und Viehwirtschaft nach progressiven Methoden, korrespondiert seit 1804 mit Albrecht Daniel Thaer, Deutschlands fachkundigstem Agrarreformer (der 1806 auf seinem Mustergut in Möglin bei Wriezen, der Hauptstadt des Oderbruchs, eine landwirtschaftliche Lehranstalt gründet, die bald zu einer europaweit gerühmten Einrichtung wird), gilt als produktiver Schöngeist, politisch-sozial aber wurzelt er noch in friderizianischer Ära. Wohl ist er seinen Kindern ein nachsichtiger Vater, weckt durch Erziehung mehr individuelles Bewußtsein als die Fähigkeit, gesamtfamiliär zu denken. Unter die Haube bringen, das glaubt er sich und altem Brauch schuldig zu sein, möchte er sie jedoch herkömmlich, also standesgemäß. Ein ziemlich wirkungsloses Bemühen, das der Präsident hätte voraussehen können, da er vor allem bürgerliche Intellektuelle, deren Geist und Bildung er schätzt, um sich schart. Wen wundert's, daß die Komtessen jene charismatischen Gäste den nicht selten vertrottelten Landjunkern vorziehen. Irgendwann in Beziehungskonflikte geraten, weil es dem jungen Blut nicht genügen will, einander nur schöne Äugelchen zu machen.

Unter den Linden

Liebesschwüre

Wochenlang doktert Karl an seiner Krankheit herum, von der er nichts berichtet, außer daß sie ihm Schmerzen bereitet und ihm "je länger je langweiliger" wird. Auch könne er es nicht mehr mäßigen, dieses Verlangen nach Rahel. "Ich habe so vieles an Dich auf dem Herzen", fließt es am 30. Dezember aus seiner Feder, "wie werde ich Zeit hernehmen, um Dir so alles zu sagen, was ich möchte. Nun, es wird sich ja alles finden, wenn ich nur erst bei Dir bin! Ich zähle die Minuten bis dahin. Lebe wohl für heut, meine Liebe, die Briefe sollen auf die Post."

Dem problematischen Status ihrer "wilden Ehe" geht er aus dem Wege. Statt die Karten offen auf den Tisch zu legen, weiterhin abgedroschene Liebesbeteuerungen, gegossen in Worthülsen, schwärmerisch verbrämt. Briefe über Briefe an die ferne Geliebte, gefüttert mit Nebensächlichem, mit Wehmut über ihre Abwesenheit, mit Klagen darüber, daß Rahel nicht einmal ahne, wie traurig er sei, wenn er sie nicht in seinen Armen halten könne. Erst im Januar 1797 werden sich beide sehen – weil Rahel, aus Herzenswärme kompromißanfällig, eine geplante Reise Karls wegen verschiebt. Es scheint, als würde sich alles einpendeln.

In den folgenden Wochen und Monaten gluckt das Pärchen oft zusammen. So oft, wie nie zuvor und danach. Gleichwohl sind es wenige Tage oder genauer Abende, da sie ihre Zweisamkeit im Dachstübchen auskosten. Viel zu wenig Abende, denn wie Karl später an Rahel oft schreibt, vermag er nicht in Worte zu kleiden, was ihn alles peinigt, warum er sie in dieser oder jener Stunde gern bei sich hätte. Doch nie erklärt er sich, sie zu heiraten, wie sie es ingeheim wünscht, ohne es ihrerseits, mündlich oder versteckt in Briefen, zu fordern.

An Vergnüglichkeiten ist ansonsten kein Engpaß. Man geht, wie schon das Jahr zuvor, in die Oper oder ins alte Schauspielhaus (das 1825 von Karl Friedrich Schinkel erbaute steht

* *

noch nicht), flaniert an sonnigen Tagen die Linden entlang – der Alte Fritz reitet von hier erst ein halbes Jahrhundert später gen Osten –, wo man sogar Kronprinzessin Luise, wenn sie ausfährt, bewundern kann und wo nach Lust und Laune poussiert wird. Allein zu sein erweist sich als verzwickt, da es Karl utopisch erscheint, Rahel ins großväterliche Palais zu schmuggeln und das Levinsche Haus selten Gäste entbehrt. Da muß man sich, solange es das Wetter zuläßt, im Freien aufhalten. Bisweilen im Landhäuschen von Bruder Markus oder dem der Friederike Auguste Unzelmann, einer in Berlin umjubelten Schauspielerin, die etliche Jahre in Weimar lebte.

Von den Stunden, die er im Büro zubringt und womit er dort beschäftigt ist, erfährt Rahel rein gar nichts, jedenfalls nichts, was für sie belebend wäre. Als Diplomaten–Novize kann er Bälle, Konzerte und Empfänge schlecht meiden, aber Rahel verbittert es, daß er sie von jenen exquisiten Zerstreuungen fernhält, also im Regen stehen läßt. Und als fünftes Rad am Wagen fühlt sich Rahel, wenn Karls Familie – der Vater und die Schwestern – in Berlin anreisen und ihn restlos vereinnahmen. Dann stiehlt sich Karl heimlich zu ihr, während er den Madlitzern vor Augen führt, was ihm erst Rahel zugänglich machte.

Nur einmal, allerdings ohne verbrieftes Datum, sieht Rahel flüchtig die von Karl angehimmelten Schwestern. Ein intimer Umgang stellt sich jedoch nicht ein, vielmehr reduziert er sich auf herzliche Grüße an sie, deren Überbringer Karls Briefe sind. Dürrer Ersatz für die von Karl herbeigesehnte Harmonie zwischen ihnen. Mit Rahels Abreise im Juni 1797 nach Pyrmont endet der Gefühlsüberschwang.

Den Morgen, an dem sich Karl von Rahel verabschieden will, verschläft er. Und gibt nicht sich die Schuld, sondern seinem Diener, der ihn trotz ausdrücklichen Befehls nicht geweckt habe.

Erbost darüber schreibt er am 15. Juni 1797 abends um 12 Uhr an Rahel: "Es fehlte nicht viel, und ich hätte ihn geprügelt, als er in meine Stube kam und mir sagte, daß es 7 geschlagen habe. Ich zog mich in der größten Hast an, und in 5 Minuten war ich völlig angezogen und nicht weit vom Komödienhause. Ich hoffte noch immer, Dich zu finden, dachte mir so manchen Umstand, der Dich aufgehalten haben könnte. Es ist Dir gewiß sehr empfindlich gewesen, daß ich nicht kam, aber Du kannst Dir doch nicht vorstellen, wie mir zumute war, als ich in Euer Haus trat und Dich nicht mehr fand; ich war noch nie so zerstört, noch durch nichts so niedergeschlagen." Karls Eifer, die Scharte, jene verpfuschte Morgenstunde, auszuwetzen, hält sich in Grenzen.

Indes tuschelt man anstandslos – wie Burgsdorff und Brinckmann – von Heiratsplänen Karls mit Rahel, für die niemand bürgen will. Doch ein Eheversprechen Karls, diesen, wie es ihm scheinen muß, riskanten Schritt aus der Anonymität, hat es nie gegeben, gleichwohl das im November 1797 von der befreundeten Gräfin Pachta assistierte Wagnis Rahels, es Karl eben abzunötigen. Eine Verzweiflungstat, bei der Rahel fast zur Erpresserin abrutscht, indem sie Karl nicht empfängt. Ihn demnach weichzuklopfen versucht.

Der junge Mann sitzt geschockt in Großvaters Palais, greift, allein mit seinem Jammer und Weinkrampf, zu Tinte und Papier. Ein Gelöbnis, mit Rahel gesetzlich zu leben, also zu heiraten, fehlt abermals. Karls sich versteifende Unschlüssigkeit, seine maßgebliche Schwäche, ist konsequent. Am Ende gibt Rahel nach, lenkt ein und schreibt ihm fürsorgliche Briefe. Als feststeht, daß Karl Anfang Dezember 1797 zum Kongreß nach Rastatt muß, begegnet man sich überdies vertraulich – zwei Jahre später ringt sie sich zu einem Abschiedsbrief durch, der jedoch liegenbleibt. Ein dritter vom Februar 1800 erreicht Karl. Da sie ihn bittet, aus seinem Gedächtnis getilgt zu werden, schweigt er fortan. Rahel reist nach Paris, wo sie hofft, das Ende ihrer Liebe, das sie als Demütigung empfindet, rascher vergessen zu können und mit ihm wieder "unbekannt zu werden".

****

Visionärer Besuch

Karl gilt, nach Varnhagens Äußerungen, bis in jene Tage als mit Rahel verlobt, wenn auch nur zum Schein. So glaubt man zu verhindern, daß Rahel – wie Goethes Christiane – als Bettschatz oder Peinlichkeit verunglimpft wird, was den Finckensteins anrüchig wäre. Obwohl selbst Friedrich Wilhelm II. neben seiner Gemahlin Friederike Luise eine morganatische Ehe führt. Auch Karl hält die relativ mittellose Jüdin für nicht ebenbürtig. Madlitz oder gar sein elterliches Haus hat die "Kleine", wie Rahel von ihm und anderen Salonbesuchern der Jägerstraße genannt wird, zu keiner Stunde betreten. Nicht einmal den Landschaftsgarten, in dem das Brautpaar, als das sie ja irrtümlich gelten, gemeinsam lustwandeln könnte, und wenn es nur klammheimlich geschehen würde. Verlockend genug, sich das auszumalen.

Nehmen wir uns dafür einen x–beliebigen Sommertag anno 1797. Karl, der von Berlin nach Madlitz gewöhnlich reitet, hat einen Landauer gemietet. Der viersitzige Wagen, dessen Verdeck sich vorn und hinten niederschlagen läßt, ist bequem und luftig. Sogar preiswert. In einer Nebenstraße, nicht allzu weit von Rahels "Dachstube", wartet der Kutscher, seinen abgewetzten Dreispitz lüftend, als er die beiden artig auf sich zukommen sieht. Einmal noch, flüstert Karl, bevor sie in den Wagen steigen, sollten wir Kontenance bewahren, uns, wenn nötig, mit Cousine und Cousin anreden. Für Intimitäten bliebe ja genug Zeit im Park.

Als der Kutscher schnalzt, rucken die Gäule an. Das Abenteuer, wie Rahel meint, nimmt seinen Lauf. Karl, der Rahels Spottlust zur Genüge kennt, streichelt besänftigend ihre Hände. Diesmal sei es ihm ernst, todernst sogar, und er werde nun Schluß machen mit dem Versteckspielen. Zuerst gelangen sie ans Frankfurter Tor (damals noch Bestandteil der alten Stadtmauer in Höhe des U–Bahnhofes Weberwiese), von dort, zuweilen in leichtem Trab, über Vogelsdorf und

✻✻✻✻✻✻✻✻✻✻✻✻✻✻✻✻✻✻✻✻✻✻✻✻✻✻✻✻✻✻✻

Tasdorf bis Müncheberg. Hier würde Rahel am liebsten ein Stündchen verweilen, so fühlt sie sich vom Reiz des Städtchens mit all seinen Feldsteinmauern, Tortürmen und Fachwerkhäusern hingerissen. Aber Karl will davon nichts wissen, auf keinen Fall jetzt. Ein andermal. Und Rahel staunt über Karls Entschlossenheit.

Geborgen unter den üppigen Laubdächern der Alleen, lassen sie Heinersdorf und Arensdorf bald hinter sich, biegen dann in Georgenthal Richtung Wilmersdorf ab und erreichen, vorbei am Dorfteich und der Kirche, nach kurzer Fahrt die westlichen Ausläufer des Madlitzer Parkes, wo sie anzuhalten wünschen. Als sich der Kutscher erkundigt, wie lange er denn zu warten habe, errötet Karl wie ein Gymnasiast, der sich durchschaut fühlt. Er, der Kutscher, sagt er unsicher, müsse eventuell allein in die Residenz zurück, man gebe ihm jedoch rechtzeitig Bescheid. Der Alte, manches gewöhnt, starrt demutsvoll vor sich hin, und nur während er die ihm zugesteckte Silbermünze fast zärtlich befühlt, huscht ein Grinsen über sein wetterbraunes Gesicht. Die jungen Leute, versichert er, könnten sich auf ihn verlassen.

Karl und Rahel, die Kühle des Parkes genießend, lauschen dem Windgeflüster in den Bäumen, dem geheimnisvollen Knistern und Rascheln unter jedem ihrer Schritte, schnuppern den Geruch verwesenden Laubes, schlendern – Rahel mit gerafftem Kleid, um nicht zu stolpern – am Steinpfuhl und dem künstlichen Inselteich (antik motivierte Architekturen wie das Kleisttor, eine Hommage an Kleist, den Freund Lessings, und die Meierei sind im Ausgabenverzeichnis des Präsidenten erst 1798 benannt, die Rotunde 1800) vorbei, und als wären sie unterwegs nach Arkadien, in das Land stillen Friedens, turteln sie über blühende Parkwiesen, bis man sich ermattet ins Gras fallen läßt und dem Grillengezirp lauscht.

Trotz Schäferidylle umschleichen Karl bald Ahnungen, wovon Glück abhängt, welche persönliche Entbehrung es bedeuten kann, sich von der aushöhlenden Macht der Familie zu trennen, will er sich fest an Rahel binden. Jedes Geräusch, auch das nebensächlichste, wird in ihm gesteigertes Empfinden für Vergänglichkeit, als beobachte er das unablässige Rieseln einer Sanduhr, während die Stille vom Krächzen des Eichelhähers unterbrochen wird. Alles sei vergänglich, meint Karl und legt den Arm um Rahels schmale Hüfte. Doch Rahel, selten so frei wie in diesem Augenblick, schüttelt resolut den Kopf. Man sollte doch wenigstens einmal glücklich sein können und sich nur angenehmer Dinge erfreuen. Sie redet von sich und Karl, von gemeinsamer Zukunft, von Kindern, die sie großziehen würden, davon, daß sie beide alles tun müßten, um sich nicht eines Tages aus den Augen zu gehen.

Stimmen aus der Vorhalle des dorischen Tempels, auf den sie nun zugehen, erschrecken Karls wankelmütige Seele. Er glaubt sogar, das ansteckende Lachen Karoline von Humboldts (die den ganzen Berliner Hofschnack sterbenslangweilig findet und daher gern aufs Land flüchtet) herauszuhören. Auch diesmal wird ihn sein Vorsatz, den Eltern endlich reinen Wein einzuschenken, sich ohne Ausflüchte zu erklären, obgleich alle Welt, besonders die Schwestern, längst von Rahel wissen, im Stich lassen. Der kreuzbrave Junge, dessen "Geheimnis" in der Jägerstraße und darüber hinaus bekannt ist, fürchtet Konsequenzen. Und gewiß zu recht. So bleibt alles, wie gehabt, schwebend, weil er den Skandal zu verhindern trachtet, der ihre nicht abgesegnete Liebe bloßstellen würde. Er ist noch immer uneins mit sich, welche Entscheidung er treffen soll. Trotz verkündeter Toleranz werden sich die Grenzen zwischen ihm, dem preußischen Adelssproß, und der Jüdin als nicht bezwingbar erweisen.

Rahel blickt stumm zu Karl, der sein erneutes Versagen den Gästen ankreidet. Er habe nicht, was ja stimmt, mit ihrem Besuch gerechnet. Ursprünglich wollten sie noch zum Friedhof wandern, zur Begräbnisstätte von Karls jüngstem Bruder, dem einzigen Finckenstein, der bis zu dieser Stunde hier ruht. Und zur alten Mühle, wo die Post von Madlitz abgeht – also auch Rahels Briefe ankommen. Doch jetzt fürchtet Karl, in letzter Minute Charakter zu beweisen, und drängt Rahel zur Umkehr. Dieben gleich, die nicht ertappt werden

＊＊＊＊＊＊＊＊＊＊＊＊＊＊＊＊＊＊＊＊＊＊＊＊＊＊＊＊＊＊＊＊

möchten, hasten beide jene Pfade zurück, auf denen sie eben entlang gebummelt sind. Ständig dreht sich Karl um, als würde ihnen jemand auf den Fersen sein, und erst als sie den Kutscher entdecken, verlangsamen sie ihren Schritt. Den Alten finden sie eingenickt, und man hat einige Mühe, ihn wachzurütteln.

Karls Beteuerungen, sich in der Jägerstraße bald sehen zu lassen, können nicht verhüllen, daß auch an diesem Sommertag, so hoffnungsvoll er begonnen hat, kein Klartext gesprochen wurde. Sich gegen die Familie aufzubäumen, fehlt es ihm an Mut, auch an Kraft. Wohl leidet er darunter, desgleichen an vorgefundenem Brauchtum, ohne freilich jemals aufzumucken. Die Verlobung, nie praktisch vollzogen, wird schließlich gelöst. Rahels kühne Fiktion, nicht durch einen Mann, sondern durch sich selbst zu leben, aber gemeinsam mit Karl sich einer Welt zu nähern, in der die Finckensteins scheinbar gottgewollt angesiedelt sind, ist zerplatzt wie eine Seifenblase. Ihre letztlich vermiedene Liebe, die daran zerbricht, weil Karl nicht über seinen Schatten – den Madlitzer Familienclan – zu springen vermag, ähnelt einem jener Briefromane des 18. Jahrhunderts. Mit ihnen als chronisch leidende Hauptdarsteller.

Vom Norden rücken erste Wolken heran, grau und gestaltlos, doch es bleibt still, und der Park scheint ein einziges großes Schweigen. Rahels Abschied von Karl ist unsentimental, ohne Tränen, ohne den gewohnten Glanz ihrer dunklen Augen. Sie besteigt die Kutsche und lehnt sich in die Polster. Stunden später wird sie die Treppen zur Dachstube hinaufhuschen, wo ihre Romanze begann. Noch während Karl winkt, ungelenk und hilflos, verschwimmen die Umrisse des Wagens. Träume sind Spiegel, durchzuckt es Rahel, die eines Tages verhangen sein werden wie leere Fenster, hinter denen keiner mehr wohnt. Daß Karl ihr entgleitet, scheint nunmehr besiegelt, aber Verlieren, muß das immer die schlechtere Wahl sein? Er jedenfalls wird nicht Stab und Stütze ihres Lebens sein.

* *

Karls erste Reise

Anfang Dezember reist Karl zum Rastatter Kongreß, den Kaiser Franz II. zum 9. Dezember 1797 in jenem Städtchen anberaumt hat. Unweit des Rheins soll das prunkvoll aufgeblähte Forum zwischen Frankreich und Deutschland, diesem politisch kaum übersehbaren Flickenteppich, Frieden herbeiführen. Und das bei angeblicher Wahrung der Integrität der Reichsgrenzen.

Man bekommt auf Reisen einen klaren Kopf, sagt Hans Christian Andersen, und die Fahrt nach Rastatt muß für Karl, der aus uns nicht bekannten Gründen zehn Tage später anlangt, ein Labsal gewesen sein. Nachdem er schon das Thüringer Gebirge – für ihn von unendlichem Reiz – hinter sich gelassen hat, schreibt er Rahel am 11. Dezember aus Frankfurt am Main: "Es ist das erstemal, daß ich reise, es ist das erstemal, daß ich Berge sehe, daß ich auch etwas anderes sehe, als diese flache, sandige Mark Brandenburg." Inmitten der Berge befällt Karl ein hohes Gefühl von Freiheit und Sicherheit, alles läßt er hinter sich, was ihn niederdrückt. Warum die bürgerliche Gesellschaft für ihn so belastend sei, glaubt er dem Zusammenhocken der Menschen auf einem Fleck und ihrem Wesen in den Städten geschuldet.

Bevor er am 16. des Monats die alte Krönungsstätte deutscher Kaiser verläßt, sieht er während einer Theateraufführung Goethes Mutter, von der ihm berichtet wird, daß sie keine Vorstellung versäume und "hier allgemein geachtet und geliebt" werde, ziemlich starke Züge, aber schöne, große blaue Augen habe und sehr freundlich, besonders zu Kindern, sein könne. Zumindest diese Zeilen werden Rahel beglücken, denn wer alle greifbaren Werke Goethes inbrünstig liest, der hat ein Faible auch für dessen Mutter, die ihren Sohn immer noch Hätschelhans nennt.

In Rastatt, das ihn über Monate von Berlin fernhält, ist Karl nur eine sekundäre Figur im Verhandlungsmarathon der deutschen Diplomatie mit den Franzosen. Bevor die feudal herausgeputzten Deputierten deutscher Fürsten eingetrudelt sind, fegt am 28. November Napoleon Bonapartes Reisewagen über das abgenutzte Pflaster von Rastatt, wo der Oberbefehlshaber aller französischen Truppen mit den Vertretern Österreichs (einer davon ist der Vater des späteren österreichischen Staatskanzlers Clemens Fürst von Metternich) per Geheimabkommen u.a. die Herausgabe von Mainz perfekt macht. Danach, als wäre schon das Hauptgeschäft erledigt, eilt der Korse nach Paris zurück.

Ohne überhaupt verbindliche Beschlüsse abzuwarten, verlangen die Franzosen am 17. Januar 1798 die Abtretung linksrheinischer Gebiete. Konkret die Preisgabe der Rheinfestungen sowie die Abfindung der davon betroffenen weltlichen Länder durch Konfiszieren geistlicher Fürstentümer. Um zu demonstrieren, wie ernst ihnen der schäbige Kuhhandel ist, bemächtigen sie sich mitten im Konferenzablauf der Rheinschanze (1843 nach König Ludwig I. von Bayern in "Ludwigshafen" umbenannt) und belagern zugleich die Koblenzer Festung Ehrenbreitstein, eines der stärksten Bollwerke des Kontinents. Vor diesem gallischen Husarenstück in die Knie sinkend, verzichtet die 76köpfige Reichsdeputation auf das linke Rheinufer. Napoleon kann die Sektkorken knallen lassen.

An Rahel schreibt Karl über Tanz, Spiel und Dinners, auch darüber, daß seine kleine Bibliothek aus Macchiavelli, Ariost, Goethe, Sophokles, Favier, allen Schriften von Mirabeau und Mably bestehe, die er seiner Karriere wegen studieren müsse, wobei er sich vorzugsweise für Mirabeaus "Lettres à Sophie" begeistert, den er anbete, wie er Rahel versichert. Nicht über jene düsteren Vorgänge im Rheinland, wodurch sich das Heilige Römische Reich Deutscher Nation beeilt, den Ast abzusägen, auf dem es seit gut neunhundert Jahren sitzt. Einmal fragt er an, ob sich Rahel schon die Kopie seines 1796 von einem gewissen Schröder gemalten Pastells besorgt habe. Falls nicht, solle Rahel das nur recht bald tun. Danach erwartet Rahel vergeblich Post, bis Karl, trotz der langen und ermüdenden Reise, selbst in Berlin erscheint. Auf Kurzurlaub. Der Kongreß endet als schaurige Komödie mit dem bis heute nicht lückenlos geklärten Totschlag zweier französischer Gesandter am 28. April 1799.

Preußens Unterhändler, die Grafen Alvensleben und Haugwitz (der 1805 und 1806 – noch ist Jena und Auerstedt undenkbar – entehrende Verträge mit Napoleon schließt, wodurch Preußen Ansbach, Cleve und Neuenburg an Frankreich abtreten muß und dafür Hannover kassiert), sind mit Finckenstein zufrieden. Als Lohn avanciert er in der Wiener Gesandtschaft zum Geschäftsträger, ab September 1806 zum Gesandten. Karl August Varnhagen von Ense, seit 1814 Rahels Gatte, in seinen "Denkwürdigkeiten" über Finckenstein, den er um 1809 kennenlernte:

"Wohlwollend, fein, mit Ansprüchen auf höhere Bildung, eifrig und sogar nachdrücklich in seiner Äußerungsart, gab er dem prüfenden Blicke doch im ganzen nur ein Bild gutmütiger Schwäche; im Sittlichen, im Ästhetischen mochte er mit seinen angenehmen Eigenschaften noch leidlich auskommen, im Diplomatischen dagegen, wo sie noch am ehesten sich verbergen zu können schien, war seine Schwäche ganz offenbar. In Zeiten der mächtigsten Krisen war er unbedeutender geblieben, als es einem Gesandten Preußens, selbst in der freilich damals ungünstigen Lage seines Landes, erlaubt sein konnte."

Karl Ritter von Lang (1764–1835), Geschichtsforscher und Autor der ironisch–witzigen "Hammelburger Reisen" und "Memoiren", spricht in seinen Erinnerungen über Finckenstein als von einem in (politischen) Geschäften unerfahrenen Mann, an dem er Blüte und Leben vermisse, der vielleicht "ein trefflicher Hausvater und Gutsherr" geworden (wäre), was ganz in seiner Stimmung zu liegen schien". Karl, der ewige Betrachter, dessen eigene Belanglosigkeit den Geschehnissen um ihn herum ein um so größeres Gewicht verleiht.

Mit der für Preußen verlorenen Doppelschlacht von Jena und Auerstedt 1806 erhält das friderizianische Zeitalter, wenn auch spät genug, seine Sterbeurkunde ausgehändigt. Die

* *

Finckensteins, ein Jahrhundert maßgeblich an Preußens Glanz und Gloria beteiligt, verkümmern politisch zu Randfiguren, obschon sich der Enkel des Kabinettsministers noch im Widerstand gegen den französischen Usurpator versucht.

Von Wien aus unterstützt Karl 1806/07 die schlesische Aufsässigkeit gegen Napoleon. 1809 beschwört er in Depeschen den zaudernden Friedrich Wilhelm III., an der Seite Österreichs, das am 21. und 22. Mai in Aspern Napoleon bezwingt, in den Krieg einzutreten. Doch Frankreichs umtriebigen Polizeiminister Fouché bleibt nicht verborgen, wer dagegen seinen bisher als unschlagbar geltenden Feldherrn konspiriert. Vor dessen Zorn muß Finckenstein in Wien die Segel streichen. Karls Nachfolger 1810 wird Wilhelm von Humboldt, ein Freund Goethes, ihm selbst vom preußischen Hof ein anderer Posten zugesichert. Bis April 1811, zehn Monate also, muß Karl sich vertrösten, ehe für ihn die Stelle eines Gesandten am Dresdner Hof vakant ist.

Anfang Mai 1811 trifft Karl in Berlin ein. Pünktlich, könnte man sagen, zu Rahels 40. Geburtstag, der auf den 19. des Monats fällt. Erst den Tag darauf, am Vormittag, wird Karl, der Rahel schon aus dem Sinn war, neben ihr auf dem Sofa hocken, nach niemand fragen, auch nicht wie es ihr geht, aber ihr zumuten, sich sehr zu wünschen, "daß Sie meine Frau sähen, wie sie Ihnen gefällt!"

Auch dieses letzte Mal – gut drei Monate danach stirbt Karl – wird er der Unterlegene sein. Beide wissen, daß es keinen Neuanfang mehr gibt, daß längst alle Brücken abgebrochen sind. Obwohl Rahel den nächsten Tag vermerkt: "Ich würde ihm treu geblieben sein, hätte er es gewollt, hätte er es erlaubt. Hätte er gestern (am 20. Mai) durch einen Zauberring alles, was in den zwölf Jahren vorgefallen ist, ungeschehen machen können, so hätte er sich mein ganzes Leben wieder anlocken können, wenn er gewollt hätte!"

Rahel spürt, trotz der Ernüchterung, ihre Leidenschaft für Karl nicht völlig erkaltet, aber aussichtslos, weil er, wie sie überzeugt ist, damit Schindluder getrieben hat. Keine Rechnung ist noch offen, die beglichen werden müßte. Unterm

* *

Strich nichts als gähnende Leere. Eine Stunde haben sie sich angeschwiegen. Mit flachem und qualvollem Geschwätz. Und doch: Karl war Rahels erste Liebe. Auch wenn ihn die Rahel–Freundin Pachta "schwach" nennt, also einen Weichling, und Genelli (den Karl in einem Brief an Rahel vom 1. November 1797 als edlen, großen Menschen kennzeichnet, mit dem er "wieder unendlich geweint" habe) ihm "sklavische Dürftigkeit" vorwirft.

Vorerst zieht sich Karl mit seiner Frau Maria Rosa Bianca Clementina (eine geborene Marquese de Mello e Carvallo, verwitwete de Camurri), die er 1809 heiratet, und einem Sohn (ein zweiter, der jüngere von beiden, stirbt im Sommer 1810) nach Madlitz zurück, vom alten Präsidenten mit offenen Armen empfangen. Doch Karl, ländlicher Betulichkeit entwöhnt, hofft ungeduldig auf diplomatischen Einsatz. Unnützes Herumglucken scheint mehr an seinen Nerven zu zerren als konkrete Aufträge. Zuletzt verzögern die Abreise protokollarische Spitzfindigkeiten betreffs seiner Frau, die wegen des in religiösen Fragen dünnhäutigen Sachsenkönigs nicht bei Hofe zugelassen werden soll. Man läßt den preußischen Grafen wissen, daß seine Gemahlin ohne Zweifel sehr achtbar sei, aber zu gering für seine Herkunft und seinen Rang. Überdies verstoße der Heiratskontrakt gegen die Prinzipien der römischen Kirche.

Ohne viel Aufhebens erklärt Karl, seine Frau, die aus einer der ersten Familien Portugals stamme, verzichte darauf, Friedrich August I. (Urenkel Augusts des Starken) vorgestellt zu werden. Als Karl endlich die Order erhält, nach Dresden aufzubrechen, hat ihn schon das Nervenfieber ans Krankenlager gefesselt, von dem er sich nicht mehr erheben wird.

Letzte Ruhestätte Rahels und ihres Gatten Varnhagen von Ense

Rahels verwundete Seele

Karls jüngerer Bruder, Graf Wilhelm Maximilian Aemilius, ein brillanter Reiter und Jäger, meldet dem Auswärtigen Amt in Berlin Karls Tod: "Er hat in dem Allerhöchsten Dienste, ich wage es zu sagen, stets alle seine Kräfte treulich gebraucht, sein eigenes Vermögen nicht geschont; sein beschwerlicher Dienst in den letztverflossenen kritischen Zeiten untergrub seine Gesundheit. Die Unmöglichkeit, Eurer Königlichen Majestät Befehl, jetzt gleich nach Dresden zu gehen, welcher ihn schon krank antraf, hat seinen Tod beschleunigt." – Bruderliebe oder nur Fingerzeig: Der König kann auf diese Finckensteins bauen?

Statt Rahel Levin sind es u.a. Achim von Arnim, die Brüder Schlegel, Wilhelm von Humboldts Gattin Karoline sowie der protestantische, gegen Bibelfrömmigkeit wetternde Theologe Friedrich Schleiermacher (der 1799 sein oft zitiertes Frühwerk "Über die Religion. Reden an die Gebildeten unter ihren Verächtern" publiziert), die Madlitz besuchen. Nicht wenige auch das von hier zwei Stunden entfernte Ziebingen. Die Resonanz der Finckensteinschen Musenhöfe in Madlitz und Ziebingen bleibt selbst der amerikanischen Gesandtschaft in Berlin nicht verborgen. Amtschef John Quincy Adams, späterer 6. Präsident der USA, hält es daher für angebracht, seiner Washingtoner Administration ausführlich vom sprichwörtlichen Kultureifer inmitten der märkischen Sandwüste zu berichten.

Als Karl stirbt, ist Rahel zur Kur in Teplitz. Wochen vergehen, ehe sie davon hört. Freunden gegenüber bekennt sie, ihm vergeben zu haben. Doch der Schmerz, daß sich Karl zu keiner Stunde für sie entschieden, sich nie von der Familientradition freigeschwommen hat, nagt weiter an ihrer verwundeten Seele. "Der Graf Finckenstein ist tot", teilt sie dem sechzehn Jahre jüngeren Alexander von der Marwitz am 1. November 1811 mit, "der erste, der gewollt hat, daß ich ihn liebe; er hat mich getäuscht. Ich habe ihn vor meiner Abreise in diesem Sommer noch bei mir gesehen, kalt wie ein Frosch, verwirrt wie ein ertappter Betrüger... Nun ist er ausgestrichen von diesem Erdball, verscharrt, mitsamt seinem falschen Ehrgeiz, seiner Treulosigkeit, seinen Lügen, Gemeinheiten und Anmaßungen! Ich habe ihm verziehen im vergangenen Jahr, während meiner schweren Krankheit, ihm und all denen, die mir das Herz zermalmt haben... Aber ich verachte ihn, diesen Finckenstein, tot oder lebendig; denn ich kann ihn nicht anders sehen als er sich gezeigt hat." Ihr Gewissen ist, jenseits aller Irrtümer, einziger Maßstab ihres Handelns. Mehr zu leisten war auch sie nicht geeignet.

Am 7. März 1833 stirbt Rahel. Karls für sie bedrohlich zauberische Gegenwart ist unabänderlich Geschichte, eine Fußnote in ihrem Leben. Sie wird auf dem Kreuzberger Dreifaltigkeitsfriedhof vor dem Halleschen Tor in einem Gewölbe beigesetzt und dort dreißig Jahre später zusammen mit Varnhagen beerdigt. Auf schlichter Marmortafel vor den Gräbern Rahels stille Bitte: "Gute Menschen – wenn etwas Gutes für die Menschheit geschieht – dann gedenkt freundlich in Eurer Freude auch meiner".

Seit Februar 1997 erinnert in der Jägerstraße eine Gedenktafel an sie und ihren Salon inmitten Berlins. Am 27. August 1998 schließlich wird im Theodor–Wolff–Park die Wegverbindung zwischen Friedrich– und Wilhelmstraße Rahel–Varnhagen–Promenade getauft. In 6000 Briefen, Tagebüchern und Rezensionen hat die für ihren Charme und Intellekt verehrte Frau ein Zeitalter des Umbruches vieler bis dahin gültiger Werte gebündelt. Rahels produktive Wirkung auf die Nachwelt dürfte anhalten.

Als Friedrich Ludwig Karl, der Präsident, 1818 stirbt, hinterläßt er, auf Madlitz und Ziebingen bezogen, ein höchst persönliches Vermächtnis, welches darin gipfelt, sich im weitverzweigten Geschlecht der Finckensteins vor allem das Miteinander zu bewahren, darauf zu achten, daß nachfolgende Generationen die Einheit des Familienbesitzes nicht leichtfertig aufs Spiel setzen.

* *

In den nächsten hundert Jahren begegnen wir den Finckensteins vorwiegend als Landwirte und Militärs, also nicht zum Hofadel gehörig. Marksteine jenes Zeitenlaufs mögen der Deutsch–Französische Krieg von 1870/71 sein und die sich daraus ergebende Reichsgründung, ansonsten geschieht in ihrem Lebenskreis, auf ihren Gütern nichts, was rühmlich genug wäre, aus verstaubten Chroniken der Geschichte hervorgeholt zu werden. Erst mit Kaiser Wilhelms II. Jagdbesuchen in Madlitz scheinen dessen und Ziebingens beifallswürdige Tage als Tempel der Musen ein letztes Mal aufzuleuchten, wenn auch nur zaghaft. Danach läßt sich aus dem im Frühjahr 1945 teilweise geretteten Familienarchiv der Finckensteins, gemessen an Persönlichkeiten wie Albrecht Konrad, dem Feldmarschall, oder Karl Wilhelm, dem Kabinettsminister mehrerer Preußenkönige, kein anregender Stoff mehr herausfiltern.

****

Besuch Wilhelms II.
in Alt Madlitz

Bahnhof Briesen: Wilhelm II. als Gast Graf Finckensteins

* *

Des Kaisers Jagdeifer

Bekanntlich wollte Kaiser Wilhelm I. selbst noch im hohen Alter dem Weidwerk, jenem aristokratischsten Sport, nicht entsagen, obzwar er sich schon in den Sattel hieven lassen mußte. Enkel Wilhelm II. war, den Jagdeifer betreffend, aus gleichem Holz geschnitzt wie sein zählebiger Großpapa. Welcher Zufall ihn ins Madlitzer Forstrevier geführt hat, sei dahingestellt. Jedenfalls tauchte der Heißsporn, noch war er Kronprinz, im Frühjahr 1888 erstmalig dort zur Rehbockpirsch auf. Offenbar fühlte er sich hier in seinem Element, und so besuchte er, zunächst bis 1898, fast jährlich den eher abgeschiedenen Ort. Zu diesem Behuf dampften Majestät, per Sonderzug versteht sich, entlang der Strecke Berlin–Frankfurt/Oder bis zum 1860 eingeweihten Bahnhof Briesen, von wo aus sie und Gastgeber Graf Karl im Landauer die übrigen sechs Kilometer bewältigten.

Mit Rittmeister Wilhelm Heinrich Karl, dem Fideikommißherr auf Madlitz, saß an des forschen Kaisers Seite ein Weidgenosse, der jenen berühmten Madlitzer Rehbestand herangezogen, den bei seinem Patronatsantritt kaum bemerkbaren Rotwildbestand wirksam gepflegt und es obendrein arrangiert hatte, Birkwild durch Aussetzen skandinavischer Stämme anzusiedeln.

Im Schloß zu Madlitz angelangt, ging es dann recht familiär zu. Weder übermäßige Tafelgenüsse noch verschwenderischer Glanz umgaben den erlauchten Gast. Nur die Kaiserstandarte auf dem Dachfirst des Finckensteinschen Domizils verriet, mit wem man es eigentlich zu tun hatte. Der kurzen, doch ergiebigen abendlichen Pirsch folgte ein Menü, geboten aus erstklassigen Erzeugnissen des gutseigenen Waldes, der Gewässer und des Gartens. Und schließlich wurde eine nach Madlitzer Rezept gebackene Torte kredenzt, die des Kaisers verwöhnten Gaumen so schmeichelte, daß er dafür beifälligste Worte fand.

Wilhelm Heinrich Karl Graf von Finckenstein

Jagdbesuch Wilhelms II. in Madlitz

* *

Das unverkrampfte Klima dieser Jagdtage, hörte man Wilhelm öfter sagen, machten ihm seine Besuche in Madlitz so behaglich. Wohl auch deshalb, weil sich die Finckensteins, seine Gastgeber, seit Jahrhunderten in brandenburg–preußischen Diensten bewährt hatten. Als Militärs, Prinzenerzieher, Beamte und nicht zuletzt effektiv wirtschaftende Gutsbesitzer.

War endlich die Abendtafel aufgehoben, inspizierte der "Oberste Jagdherr" sogleich das erlegte Wild – bei hellem Fackelschein und Hörnerklang. Zu später Stunde ging es dann von Briesen aus in die hauptstädtische Residenz zurück.

Über einen der Madlitzer Jagdausflüge weiß die "Fürstenwalder Zeitung" 1892 ihren Lesern folgendes zu berichten:

"Gestern, am 12. Mai, traf der Kaiser mittelst Extrazuges um 5 Uhr 20 Minuten Nachmittags hier (in Briesen) ein, um einer Einladung des Grafen von Finckenstein zu Alt–Madlitz zur Jagd zu folgen. In seiner Begleitung befanden sich Flügel–Adjutant von Hülsen, Hofrath Schwerin, zwei Leibjäger und drei Diener. Die Straße von Briesen, die Se. Majestät durchfuhr, war festlich mit Tannen geschmückt. Am Abend hatten alle Häuser dieser Straße illuminiert. Am Bahnhof war Abends eine große Menge Leute versammelt. Der hiesige Krieger–Verein und die freiwillige Feuerwehr bildeten Spalier, um den Fahrdamm freizuhalten. Um elf Uhr kam der Kaiser aus Madlitz zurück, jubelnd begrüßt von der ihn erwartenden Menge. Unter brausenden Hurrahs und Hochrufen fuhr Se. Majestät von hier ab. – Von der Jagd verlautet, daß von dem Kaiser sieben Rehböcke zur Strecke gebracht sind und ein Bock angeschossen wurde."

Graf Karl, Kammerherr und Angehöriger des Herrenhauses für den alten und befestigten Grundbesitz der Kurmark, gründete 1895 eine Familienstiftung, um die vielköpfige brandenburgische Linie der Familie und ihre ehelichen, den gräflichen Namen F.v.F. führenden Nachkommen aus den Zinsen und sonstigen Einkünften des Stiftungsvermögens zu unterstützen. Er war es auch, der zum Gedenken an den ersten

* *

von Wilhelm II. im Madlitzer Revier gestreckten Rehbock einen Inschriftenstein setzen ließ.

1899 verstarb, kaum 50jährig, des Kaisers enger Jagdfreund in Altmadlitz. Vom Journal "Wild und Hund" als "ein deutscher Weidmann und Freund des Waldes" gewürdigt, als "einer jener altpreußischen Grandseigneurs, wie sie nur Jahrhunderte lange Tradition aus edlem Geschlechte hat hervorbringen können..." Ein ihm nahestehender Angehöriger sprach von einem goldenen Herzen des Grafen Karl. Deshalb auch sei das Leben im Hause Finckenstein derart angenehm gewesen.

Jahre flogen dahin, und den Kaiser beanspruchten Paraden, Staats- und Flottenbesuche. Regierungsgeschäfte eher sporadisch. Mehrfach zog es ihn auch zur Wildschweinjagd nach Donaueschingen, in des Fürsten Max Egon von Fürstenberg anheimelnde Residenz zwischen Schwarzwald und Bodensee, wo ein neobarocker Diana-Brunnen an seinen vierten Besuch im Juli 1904 erinnert. Wilhelms gnädige Laune wurde freilich durch einen grotesken Zwischenfall getrübt, als General Dietrich Graf von Hülsen-Haeseler, Chef seines Militärkabinetts, vor ihm und dem Fürsten im duftigen Balletträckchen ein Solo tanzend, mausetot zusammenbrach.

Erst 1907 und 1908, jeweils zum 21. Mai, traf der Kaiser abermals zur Pirsch in Madlitzer Gefilden ein. Diesmal wechselte er in Briesen aus dem Hofzug in das gräfliche Automobil. Eine Gelegenheit, sich als moderner Herrscher zu geben, dessen Berliner Remise längst durch Benzinkutschen ergänzt worden war. Am 3. und 4. Juni 1912 sah man Kaiser Wilhelm erneut zur Rehbockpirsch in Madlitz. Wohl das letzte Mal. Zwei Jahre später vertauschte er den grünen Jägerrock mit der Uniform des obersten Kriegsherrn.

****

Gespenster der Marktwirtschaft

Kaum trifft Karl Wilhelm Graf Finckenstein nach dem Hilferuf Bürgermeister Mallons erneut in Madlitz ein, wird er – für ein Ehren–Honorar von einer Mark pro Jahr – offiziell zum Berater der Gemeinde ernannt. Am Ufer des Madlitzer Sees, dicht am Mühlengrund, findet er vorläufig Unterkunft. Dort grübelt er darüber nach, wie die Verwaltung des Dorfes effizienter organisiert werden kann und engagiert ein sachkundiges Architekturbüro, "damit die Gemeinde einen vernünftigen Flächennutzungsplan erhält". Ebenso faßt er die Erneuerung der Dorfstraße ins Auge sowie die Übergabe einer Anzahl von Häusern in das Eigentum ihrer Bewohner.

Als härteste Nuß, die es zu knacken gilt, erweist sich die noch existierende LPG. Ihre 120 Arbeitsplätze garantierten bisher den Dorfbewohnern Lohn und Brot. Doch Ende 1990 ist es nicht mehr zu verschleiern, daß sie mit der veränderten dörflichen Sozialstruktur, also mit der Marktwirtschaft, die sich sozial nennt, nicht Schritt zu halten imstande ist und ihr ökonomisch der Kollaps droht. Ein ganzes Dorf wird plötzlich, wie niemals zuvor in seiner Geschichte, vom Gespenst der Arbeitslosigkeit bedroht. Felder, Wiesen– und Weideflächen würden unabwendbar zu Brachland verlottern.

Finckenstein, der es gewohnt ist, rasch und umsichtig zu handeln, unterbreitet dem Bürgermeister und der LPG den Vorschlag, selbst einen Agrarbetrieb auf die Beine zu stellen und in eigene Regie zu nehmen, gewissermaßen anstelle der Genossenschaft. Möglich aber wäre das nur, so Finckenstein, wenn er eine genügend große Eigentumsfläche zurückerwerben könne von jenem Land, welches seine Familie bis 1945 besaß (rund 1200 Hektar Ackerland und 2000 Hektar Wald) und durch die Bodenreform parzellenweise an landarme sowie landlose ehemalige Gutsarbeiter sowie Neusiedler verteilt wurde. Er legt ein entsprechendes Kaufangebot auf den

****

Tisch, und Mallon gibt zu verstehen, daß Finckensteins Idee zumindest nicht an ihm scheitern werde.

Zwischen Weihnachten und Silvester 1990 versammeln sich in der Konsumgaststätte "Zum Korn" die Mitglieder der 1952 gegründeten LPG "Fortschritt". Ihr Vorsitzender rät den Bauern, das, wie er sagt, kulante Angebot Finckensteins anzunehmen. Doch im Saal, wo man bisher den jeweiligen Jahresabschluß der Genossenschaft kräftig zu feiern verstanden hat, erhitzen sich die Gemüter. Nicht nur unter den einstigen Flüchtlingen, die 1945 im jetzt polnischen Pommern ihre Grundstücke von heute auf morgen einbüßten. Am Ende Raunen, Pfiffe, auch böse Worte, kaum verhüllt. Von entspannter Atmosphäre keine Spur, eher schon ist es Galgenhumor und die allgemeine Verunsicherung darüber, was ihnen der anwesende Graf auftischen würde.

Der erläutert zunächst, ab und zu über die Flurkarte gebeugt, sein Projekt, einen Betrieb installieren zu wollen, der sich auf Feldfruchtanbau beschränken werde. Das bedeute, pro Hektar 3500 DM u.a. für landwirtschaftliche Maschinen investieren zu müssen. Außerdem benötige er für 1000 Hektar Ackerland nicht, wie zu LPG–Zeiten, 120 Mitarbeiter, sondern lediglich zehn. Allerdings könne er weitere Arbeitsplätze sichern, indem er die LPG–Reparaturbrigade übernehme, für die es viel zu tun gebe. Karl Wilhelm hat vorsorglich am Kneipenausgang einen Stapel Absichtserklärungen ausgelegt, die jeder unterschreiben kann, der Landbesitz verkaufen möchte.

Es dauert allerdings noch gut vier Wochen, bevor der Notar die ersten Landverkäufe an Finckenstein bestätigt. Der Bankier a.D., den vorrangig Sehnsucht nach Madlitz trieb, um nach 45 Jahren sein altes Heimatdorf wiederzusehen, bewirtschaftet indessen 600 Hektar eigenes und 500 Hektar gepachtetes Land. Als Wirtschaftshof und Verwaltungssitz dient ihm das vormalige Gehöft eines 1952 in den "Westen geflohenen" Großbauern, das er zunächst kaufte und nachher im ursprünglichen klassizistischen Stil renovieren ließ. Mit Friedrich Werner gewann Finckenstein einen in der Lei-

****

tung großflächiger Saatzuchtbetriebe erfahrenen Geschäftsführer.

Die Herbstbestellung übernimmt noch die LPG, für die Frühjahrsaussaat 1991 ist schon der Geschäftsführer zuständig. Wie Finckenstein sieht auch Werner, daß für die ehemaligen Genossenschaftsbauern eine sozial notvolle Lage besteht. Die Hälfte von ihnen ist arbeitslos, und nur wenige der Männer und Frauen sind, wie es Finckenstein vorausgesagt hat, im neuen Agrarbetrieb unterzubringen. Mit der Rekonstruktion des Parkes eröffnen sich daher reale Chancen, ABM–Kräfte langfristig zu beschäftigen: Hunderte Bäume sind zu fällen, um die alten Sichtachsen und Freiflächen wiederherzustellen, die Teiche mit schwerer Technik zu entschlammen, eine übersichtliche, alten Plänen nachempfundene Beschilderung vorzunehmen.

Desgleichen finden über 30 ABM–Kräfte beim Ausbau eines Gehöfts zu einem Ausbildungs– und Sozialzentrum, dessen Träger die Gemeinde und Nutzer das Christliche Jugenddorf–Werk sind, eine zweckmäßige Tätigkeit.

Davon werden künftig auch andere profitieren, indem es der Umschulung und Weiterbildung von Arbeitskräften dient. Und endlich müssen Wohnungen geschaffen werden für die ehemaligen Umsiedler, die noch im Schloß "residieren" – unter hygienisch miserablen Zuständen bis hin zu morschen Treppen.

Finckenstein denkt an ein ehedem von der LPG genutztes Haus in der Briesener Straße. Firmen aus der Region erneuern es von Grund auf, vom Original bleibt allein die Außenhülle übrig. Begonnen wird in den ersten Januartagen 1993, Ende März sind die modernen und sozialverträglichen Wohnungen bezugsfertig. Schon im April kann Margarete Jahn – eine von vier Mietparteien – auf ihr schönes Heim anstoßen, wo eine Gasheizung für gemütliche Wärme sorgt. Kohlen zu schleppen und die Asche hinauszutragen braucht die Rentnerin nicht mehr, ebensowenig den Zuber, um ein Bad nehmen zu können.

All diese Projekte, ob von der Gemeinde oder von Finckenstein vertreten, brachten Arbeit: so die Renovierung der Kirche, das Bepflanzen von Alleen und der Dorfstraße mit Jung-

Westseite des Schlosses

* *

bäumen, das Anlegen von Windschutzgehölzen, die Aufforstung von 100 Hektar Land – Karl Wilhelm hat Wort gehalten, als er nach der Wende kam und versprach, für das Dorf etwas zu tun.

Die letzte Septemberwoche 1996 kommt fast windstill daher und mild. Über der Madlitzer Feldflur hängen bauchige Wolken, als wären sie barocken Gemälden entliehen. Vor allem dann, wenn die Sonne durchbricht und die Wolkenränder wie pures Gold aufblitzen. Wer gerade nichts zu erledigen hat, tritt vors Hoftor, macht ein Schwätzchen mit dem Nachbarn oder behält, für alle Fälle, die Dorfstraße im Visier, bis zwei mit älteren und gehbehinderten Dörflern besetzte Kremserwagen heranrollen.

Die Gespanne sind vom Reiterhof des benachbarten Briesen ausgeliehen, und keiner fühlt sich beim Anblick des gutgelaunten Völkchens an Herrenzeiten erinnert, obwohl im Dorf bisweilen das herkömmliche Bild vom Junker noch herumgeistert, der statt gepredigter Bedürfnislosigkeit dem Luxus frönt und hoch zu Roß seine Landarbeiter, Knechte und Mägde unter der Fuchtel hält. Ganz abwegig ist das freilich nicht, gab es doch unter den Adelsleuten keinesfalls nur praktizierende Philanthropen.

Aus gegebenem Anlaß waren die Madlitzer eingeladen, das vom angesehenen Düsseldorfer Architekten Walter Brune mit großem Feingefühl restaurierte Schloß zu besichtigen, das sich mit durchaus noblem, jedoch unaufdringlichem Zuschnitt präsentiert, getreu seiner Bestimmung als Wohnsitz der Familien Finckenstein und Bösel. Nach Fotos, Zeichnungen und erhaltenen Resten erstanden im Parterre die Repräsentationsräume wieder, mit Holztäfelungen, Wandschmuck und Stukkaturen. Der erste Stock beherbergt die privaten Räume beider Familien, der zweite die Kinderzimmer.

So konnte jeden Erneuerungswillen der Finckensteins, ihre an Tradition geschulte Lebensart mit eigenem Auge begutachten. Das hilft, Spannungsfelder abzubauen und manche Gerüchte, ehe sie Schaden anzurichten vermögen, rechtzeitig zu korrigieren.

Kriegerdenkmal neben der Kirche

Wappen der Finckensteins

****

Flüchtigkeit alles Irdischen

Unweit der Gutsverwaltung treffen wir auf die Kirche, deren zuständiger Pastor bereits seit dem 15. Jahrhundert seinen Amtssitz bei der Mutterkirche im benachbarten Wilmersdorf hat. Ein Rentner, dem wir schon im Park begegnet sind, erzählt uns, daß im Frühling 1871 die neben dem Gotteshaus stehende Eiche verdorrt sei. Und das nur wenige Monate nach der Gründung des zweiten deutschen Kaiserreiches. Der eine oder andere Dörfler wollte darin ein böses Omen erblicken, galt doch schon den Germanen die Eiche als Sinnbild der Ewigkeit. 1998 verdorrte nun auch jene Rotbuche, deren Blätterdach sich über das Ehrenmal für zehn im 1. Weltkrieg für, wie man es nannte, Kaiser, Gott und Vaterland gefallene Helden wölbte.

Derweil Altkaiser Wilhelm in Doorn, seinem holländischen Exil, dem verflossenen imperialen Glanz nachtrauerte und sich mit Holzhacken fit zu halten glaubte, ergoß sich über die Weimarer Republik eine Flut von Denkmälern. Die Madlitzer aus Granit geformte Variante ist, längst ohne Preußenadler, Steinkugel, Namenstafel und trauernde Kriegerwitwen, ein selten beachtetes Fragment. Offenbar drückt anderswo der Schuh.

Links und rechts am Westportal der Kirche, einem modern verputzten mittelalterlichen Findlingsmauerwerk, dem 1821 von Süden her ein neugotischer Backsteinbau angefügt wurde, überraschen zwei Mahlsteine aus slawischer Zeit. Muldenförmig ausgehöhlt, dienten sie vor ungefähr 1000 Jahren zum Zerreiben der Getreidekörner.

Von der Wilmersdorfer Pastorin erfahren wir, daß die in der Turmhalle angeschraubte gußeiserne Ofenplatte eine Allegorie auf die Eitelkeit und Szenen aus dem Gleichnis vom ungerechten Knecht darstelle. Ihre Datierung mit 1598 dürfte nichts zu tun haben mit dem im gleichen Jahr erfolgten Tod

****

Kurfürst Johann Georgs. Der hatte, vorausschauend genug, die Unteilbarkeit aller brandenburgischen Länder betrieben, aber den aus Prag zugereisten Juden Lippold, seinen "Kurfürstlichen Münzmeister", foltern und bestialisch hinrichten lassen. Nur des absurden Verdachts wegen, seinen genußfreudigen Vater Joachim II. mit einem von ihm verabreichten Becher spanischen Weines vergiftet zu haben. Ein unstreitig dunkler Fleck in der Biografie dieses Hohenzollern, der ansonsten allen Konfessionen gerecht zu werden suchte, in späterer Zeit eines der ehrenvollsten Merkmale seines Geschlechts.

Das Kirchenschiff, durch barock veränderte Fenster hinreichend mit Licht versorgt, findet der Besucher bescheiden ausstaffiert. Nur die Empire–Kasettendecke leistet sich Farbe und schwächt die klassizistische Strenge ab. Von Pilastern flankiert, besticht über der Altarwand eine Kopie der Rubensschen Kreuzabnahme.

Mehrere Utensilien an der Nord– und Südseite im restaurierten Sakralbau beschwören die einstigen Madlitzer Adelsgeschlechter herauf. Den Wulffens, Vorgänger der Fincken-

Innenansicht der Dorfkirche

****

Epitaph Jost Friedrich Rudolf von Wulffen

steins, ist der Norden reserviert. Unter der Kasettendecke blickt, in Öl verewigt, Jost Friedrich Rudolf von Wulffen aus einem hölzernen Epitaph in den Saal herab. Das Gesicht aufgedunsen, schmale Lippen, darüber die französische Allongeperücke gestülpt, wirkt er nicht eigentlich vornehm, eher machtbewußt. Als dem Fürstenwalder Amtshauptmann 1721 das letzte Stündlein schlägt, zählt er 50 Lenze. Übrig bleibt ein Porträt, das seiner Waffen, Trommeln und Pauken wegen etwas Martialisches ausströmt, obwohl er für Waffengänge kaum hinreichend trainiert gewesen sein dürfte.

An der Wand lehnen, unweit der Kanzel, zwei Reliefgrabsteine derer von Wulffen, beide 1617 verstorben. Kinnbärtig und mit vollem Harnisch angetan, ist den Rittern eine gewisse Portion Entschlossenheit nicht abzusprechen, trotz bröckelnder Nasen. Im ganzen wirken die Abbilder derart figürlich, als wären sie fähig, sich jeden Moment vom Relief zu lösen. Der mit sechs Wappen und einem Hiob–Spruch versehene Inschriftengrabstein ist dem 1620 entschlafenen Curt von

* *

Wulffen und seiner Frau Elisabeth gewidmet. Unter der etwa quadratmetergroßen Bodenplatte davor verbirgt sich gewiß nicht die Totengruft, befand sich doch die Begräbnisstätte der Finckensteins zunächst in der Frankfurter reformierten Kirche, später auf dem Friedrichsberg. Rechter Hand, über der Flügeltür zum Backsteinbau, die Finckensteinsche Wappenkartusche mit doppelschwänzigen Löwen. Eine stolze Geste reichsgräflicher Macht und Würde, wobei die Jahreszahl 1734 irritiert, denn Madlitz gelangt erst 1751 in ihren Besitz.

Zuletzt steigen wir, mit aller Vorsicht, die hölzerne Turmtreppe hinauf, vernehmen den rhythmisch–schlagenden Pendel des Uhrwerkes. Wo noch wird einem die Flüchtigkeit alles Irdischen bewußter? Einst hat in Madlitz der Klang zweier Glocken, die eine 1837 in Frankfurt an der Oder, die andere 1875 in Stettin gegossen, christliche Rituale begleitet. Obzwar der Glockenstuhl für drei Geläute reicht, muß sich die Gemeinde gegenwärtig mit einer Glocke begnügen. Wurden die Übrigen in den Weltkriegen zu Kanonen umgegossen? Aberwitz scheint es, Gottes Wort wäre auf Schlachtfeldern zu verteidigen gewesen.

Durch die schmalen Turmfenster ist heute sogar die Silhouette Fürstenwaldes zu erkennen, dahinter, wenn auch verschwommen, zeigen sich die Rauener Berge. Eine poetisch anmutende herbe Landschaft, die irgendwie versöhnlich stimmt. Also kein Grund für unruhige Zeiten? Bei Krieg oder Feuer war es üblich, Sturm zu läuten. Für den Küster eine verdammt aufwendige Muskelarbeit, bei der er sich, das Glockenseil fest umklammernd, kräftig vom Boden abstoßen und wieder hinunterstrampeln mußte. Und das nicht nur einmal.

Es heißt: Efeu und wilder Wein überranken mit Vorliebe jene Mauern, die von Krieg und Blutvergießen wissen. Deuten wir es als gutes Zeichen, daß bisher Klettergehölze noch keinen Ehrgeiz verspüren, sich des alten Madlitzer Gotteshauses zu bemächtigen.

****

Morbider Charme

Gedankenverloren treten wir aus der Kirche, fragen eine in ihrem Vorgarten emsig jätende Bäuerin nach dem Friedrichsberg. Nur ein Katzensprung sei das, sagt sie, mehr nicht, und weist in Richtung Osten. Sie vermute, uns interessierten vor allem die Gräber der Finckensteins, von denen es leider nur noch klägliche Reste gäbe. Zwischen Februar und April wirke jener Teil des Gottesackers, der bis ans Kriegsende der Herrschaft vorbehalten gewesen sei, nicht mehr so kläglich. Wegen der Schneeglöckchen und Scilla.

Am Friedrichsberg, verrät uns die Bäuerin noch, soll es einst gespukt haben. Sie halte das für Mumpitz, ihr Großvater jedoch habe öfter einen Kobold erwähnt, den er zur Abenddämmerung am Friedhofstor, eine brennende Laterne schwenkend, gesehen haben will, wenn er mit dem Pferdegespann vorbeigefahren sei. Dann habe der Gnom jedesmal gebeten, ihn doch ein Stückchen mitzunehmen.

Während sich die Bäuerin wieder an die Arbeit macht, erreichen wir, nach vielleicht 400 Schritten, den Friedrichsberg. Dessen Name führt entweder auf den Preußenkönig zurück, der nach dem Kunersdorfer Desaster am 16. August in Madlitz eine Verschnaufpause einlegte, oder, ein schon in der Wiege dahingerafftes Gräflein. Aus der welligen Landschaft erhebt den Friedrichsberg nur seine Bewaldung: Kiefern, Eichen, zwei, drei Linden, am häufigsten jedoch Robinien, ein aus Nordamerika stammendes Lichtgehölz, das erst gegen Anfang Juni blühen wird, in weißen, bis zu 20 Zentimeter herabhängenden, stark duftenden Trauben. Wahrscheinlich ist es ihr hartes, äußerst widerstandsfähiges Holz, das sich für magerste Böden eignet, warum sie vom Präsidenten bevorzugt angepflanzt wurden.

Im vordersten Friedhof das gewohnte Bild: liebevoll gepflegte Gräber, seitlich und davor musterhaft geharkt. Kunstwerke fast in einer Welt unwiderruflichen Abschiednehmens. Südöstlich die weißgetünchte Kapelle, hergerichtet zur letzten Andacht vor den ewig Schlafenden. Dann freilich, als ob noch heute die Totenruhe der Finckensteins getrennt von anderen Verblichenen zu erfolgen habe, deutet sich hinter einem Zaun aus Maschendraht die alte gräfliche Beerdigungsstätte an: ein drei Meter hochstrebendes Kreuz, umwachsen von Buchsbaumgesträuch. Darüber ausladend Geäst knorriger Eichen.

Jene abrupte Grenzziehung nötigt uns, von der Ackerscholle her auf das verwaiste Terrain vorzudringen. Wer sich hier auf Spurensuche begibt, darf allenfalls morbiden Charme erwarten, nichts Spektakuläres, nur Brosamen einstiger Anwesenheit. Ob die trichterförmigen Narben des Marmors, aus dem das Kreuz geformt wurde, Kriegstagen anzulasten sind? Hinsichtlich der uns anstarrenden Scherben und Bruchstücke gelingt es schwer, die am Sinn unseres zivilisatorischen Trubels nagenden Zweifel abzuwehren.

****

Kapelle auf dem Friedrichsberg

Der Spruch auf dem Marmorkreuz hält dagegen:

Wer an die Auferstehung und das Leben,

wer an mich glaubet.

der wird leben,

ob er gleich stürbe.

Nahe dem Marmorkreuz stoßen wir auf das älteste Denkmal, einen von Wind und Wetter kaum beeinträchtigten Steinquader. Nicht ohne Mühe lassen sich die Buchstaben entziffern:

RÖTHLICH

HIENG DIE BLÜTHE

DA HAUCHTE SIE

LEISE

DER TOD AN

UND

AN DES HIMMELS STRAHL

ZEITIGET

SCHWELLENDE FRUCHT

* *

Worte sentimentaler Schwärmerei, gewidmet dem 1788, nach allzu kurzem Erdendasein verstorbenen Friedrich Wilhelm Ernst, Bruder Karl Friedrich Albrechts.

Welcher Steinmetz formte den trotzigen Quader, und aus wessen Feder floß die eingemeißelte Poesie, was alles hatte das Schicksal mit dem Knaben vor, hätte er ein hohes Alter erreicht: Offizier oder Poet, Mars oder Muse, und was für ein Stein mit welchem Vers wäre ihm eines Tages aufgestellt worden? Niemand vermag sich da mehr festzulegen.

Drei Grabsteintorsos, einer davon mit klassischem Kranz, die anderen bemoost und voller ausgedörrter Wurzeln, bewahren ihre Anonymität. Gemessen an einstigen Zeugnissen, die jene Gräber als harmonisch gestaltet und in langer Front geordnet schildern, dürftige Überbleibsel verwehten Glanzes, verwehter Zeit!

Am Fuße dieser jede Eitelkeit entbehrenden Gräber belegte eine Steintafel Name und Daten der Hingeschiedenen. Zwi-

* *

schen den Reihen erhoben sich Steinkreuze – mit Bibelsprüchen als Symbol aller hier zur Totenruhe Versammelten.

Da heißt es 1826, bezogen auf ein 17jähriges Mädchen:

Wie hätten auch Gott und die Natur
in ein so junges Herz gesetzt solche
Tugend, wenn ewiges Heil nicht
sollte sein ihr Theil?

Ein anderer meldet summarisch:

Hier ruht Albrecht Karl Alexander Franz
Graf Finck zu Finckenstein, geb. am 23. April
1824 zu Madlitz, geblieben als Oberst–
leutnant und Kommandeur des 3. Bran–
denburgischen Infranterieregiments Nr. 66
in der Schlacht bei Beaumont am 30. 8. 1870.

Held und Opfer der von Bismarck inspirierten Einigungskriege. So veranschaulicht diese Begräbnisstätte auf engstem Raum märkisch–preußische Familien– und Kulturgeschichte, wenn man so will preußische Tugenden bis über den Tod hinaus.

An Schneeglöckchen erinnern nur noch lanzettartige, blaugrüne Blätter im Gewirr ans Licht drängender Pflanzen. Als wir den Friedrichsberg endlich verlassen, trägt ein leicht auflebender Wind das Geläut von Kirchenglocken heran, indessen sich ein Pferdefuhrwerk nähert. Und fast will es scheinen, als hocke auf dem Kutschbock der selige Großvater unserer Bäuerin. Der Kobold allerdings fehlt, statt seiner ein halbwüchsiger Knabe neben dem Alten, der, sobald er uns erblickt hat, weitausholend mit der Peitsche knallt und die Zügel schleifen läßt, worauf die bisher gemächlich trabenden Gäule an uns vorbeijagen, als reite sie der Teufel. Als sie entschwunden sind, ist für einen Moment leises Flüstern im Roggenfeld zu hören, ansonsten nirgends ein Laut. Nicht einmal Vogelgered.

Eingang zum Mühlengrund

****

Hobbyfiedler Einstein

Der vom Friedhof abschüssig verlaufende, zerfurchte Sandweg in Richtung Mühlengrund ist für Schusters Rappen erträglich. Wer das Auto benutzt, bekam es bis vor kurzem schon am Waldrand mit Bodenwellen und Schlaglöchern zu tun. Früher mögen die Bauern, deren Karren zur Erntezeit mit Getreidesäcken und Stroh schwerbeladen waren, jene Strecke oft verflucht haben, da sie eher noch holpriger gewesen sein dürfte. Ihr letztes Stück windet sich durch eine Art Schlucht, an deren Ende rechter Hand eine Rotbuche und eine Eiche, wie aus gleicher Wurzel stammend, in den Himmel ragen. Der Umfang des originellen Paares, den wir mit einer Schnur vermessen, beträgt dicht über dem Erdboden gut sechs Meter. Als wir uns dem Mühlentrakt nähern und ihn zu umrunden beginnen, öffnet sich plötzlich im Obergeschoß ein kleines Fenster, aus dem sich eine Frau beugt, die, wie sie herabruft, nur wissen möchte, ob sie uns behilflich sein könne. Das hier sei, nebenbei gesagt, alles Privatgelände. Wir lächeln und versuchen der Frau zu erklären, was uns eigentlich hierher verschlagen hat.

Eine in märkischen Landen seltene Mischung aus Grau–, Rot– und Sitkafichten, Hemlocktannen, europäischen und japanischen Lärchen macht, neben Rot– und Weißbuchen, Eichen, Kastanien und Schwarzkiefern, den besonderen Reiz der Talsenke aus. Unter den Förstern, die jene dendrologisch attraktiven Gehölze einst pflanzten, stand Oberförster Mätzner im Ruf, nebenher ein Geigenbauer zu sein, sogar ein vorzüglicher. Mallon, seit Herbst 1998 Altbürgermeister, weiß von einem Amerikaner, daß Albert Einstein, weltbekannter Vater der Relativitätstheorie und dazu Hobbyfiedler, eines Tages am Forsthaus aufgekreuzt sei und Mätzner gefragt habe, ob er für ihn eine Geige bauen würde. Der prominente Kunde mit krauser Mähne und üppigem Schnauzer beäugt Mätzner bereits ungeduldig durch seine Gelehrtenbrille. Mätzner nickt unmißverständlich, was zur Folge hat, daß der "Ruhestörer" eine Woche lang im Forsthaus logiert. Wohl nicht zum Schaden des Gastgebers.

Es ist anzunehmen, daß sich Einstein und Mätzner gemeinsam am Zauber des Mühlentals erfreuten und dabei Gott und die Welt aus den Augen verloren. Hier wuchsen viele Bäume, welche nach entsprechender Ablagerung das für eine Violine geeignete Holz hätten liefern können. Einstein muß den Forstbeamten spätestens 1928 beehrt haben, starb doch Mätzner bereits das Jahr darauf. Seine Grabstätte, ein Findlingsstein mit kupferner Büste, befand sich noch bis 1978 auf dem Friedrichsberg. Eine daneben gepflanzte, inzwischen stattliche Birke grünt unverzagt fort, und im Mühlengrund künden noch immer so manche Baumriesen von Mätzners segensreicher Hand.

Als zu spätmittelalterlicher Zeit die Mühle zu klappern begann, wußte man in jener Einöde nichts von den Finckensteins. 1441 als "Modelisschen molne" und das Jahr darauf "Modelißsche Mole gnant mit dem Teyche, der die mole treibet", wurde die Mühle 1513 modernisiert. Das Kartäuserklo-

Alte Mühle

✻✻✻✻✻✻✻✻✻✻✻✻✻✻✻✻✻✻✻✻✻✻✻✻✻✻✻✻✻✻✻✻✻✻✻✻

ster bei Frankfurt besaß 1534 noch pfandweise den Mühlenbetrieb, seit 1542 aber gehörte er, mit Ausnahme der Mühlenpächte, dem Madlitzer Gut. Vom Madlitzer See gelangt das Fließ in einer Röhre unterhalb des Dammweges zum Mühlenwehr, wo sich das Wasser staut und dahinter zum Petersdorfer See schlängelt. Also nach Süden zu. Der Dreh– und Angelpunkt der Mühle jedoch fehlt: das oberschlächtige Rad. 1938 schüttet der Müllerbursche letztmalig Getreide in den Mahltrichter. Dann verstummt das weithin vernehmbare Klippklapp am rauschenden Bach.

Östlich der Mühle erinnern die Hänge ein wenig an das seit Jahren auch touristisch interessante Schlaubetal zwischen Beeskow und Eisenhüttenstadt, nur verirren sich hierher noch selten Wanderer. Und die Stockenten auf dem Madlitzer See, die sich mit heftigem Flügelschlagen um ihre Rangordnung balgen oder gründelnd und ruhend die Stunden zubringen, verstärken eher den Anschein von Einsamkeit. Munter ziehen sie, die Breitschnäbel, ihre gewohnten Kreise, streichen abends mit pfeifendem Geräusch durch die Dämmerung, werden im Sommer dann landeinwärts streben und nachts auf der Gerstenstoppel das ausgefallene Korn sammeln.

****

Am östlichen Ausgang der Talmulde liegt, inmitten Koniferen, Kiefern und Laubgehölz, eine typische Vorwendesiedlung aus verwahrlosten Bungalows. An den schmutzigweißen Türen, wie ein Gefahrensignal, mit Ausrufezeichen überfrachtete Schilder: "PRIVAT. Betreten verboten! Zerstörungen und Diebstahl werden strafrechtlich verfolgt. Das Gelände ist bewacht! ACHTUNG! Bissige Hunde." Doch kein Kläffen versprochener bissiger Hunde oder sonstiges Geräusch kultivierter Betulichkeit in der gespenstischen Szene. Goethes vielzitierte Ermutigung: "Warum stehen Sie davor?/ Ist nicht Türe da und Tor?/ Kämen Sie getrost herein,/ Würden wohl empfangen sein" wäre hier eine Farce.

Nach einem Vorzeigefaltblatt fanden sich bis Ende 1992 in dem als beschauliches Urlauberdorf gepriesenen Ferienzentrum "Alte Mühle" zahllose Erholungsbedürftige ein. Noch im Spätherbst 1989, sagt man im Dorf, seien es Gestalten recht merkwürdiger Couleur gewesen. Von der Schlapphutgilde ist die Rede und Ähnlichem. Jetzt allerdings signalisieren unbewohnte Quartiere und vor sich hin dümpelnde Ruderboote: An Gästen fehlt's im Revier. Leere Bierdosen, die Apfelkornflasche und "Des Wodkas reine Seele" neben dem verrosteten Campingstuhl am Ufersaum des Madlitzer Sees – Spuren ehrenwerter Petrijünger.

Im Dorf erfahren wir, daß vorgesehen ist, den Mühlengrund für einen sanften, die Natur schonenden Tourismus nutzbar zu machen. Als wir übers Jahr wiederkommen, trauen wir unseren Augen nicht: wo unlängst noch triste Bungalows das Bild prägten, hämmert und bohrt es, drehen sich Betonmischer, wird gemauert und getischlert. Altbausubstanz wird aufgestockt, werden Dächer gezimmert, Gas- und Abwasserleitungen sowie Sanitäranlagen installiert, Wege gepflastert, Stromkabel verlegt, Schalter und Verteilerdosen angebracht. Der Plan für die Ferienhausanlage, auf den wir einen Blick werfen, läßt ahnen, welche Annehmlichkeiten künftige Gäste erwarten: Reitställe, Reithalle, ein Schwimmbad, Bootshäuser, Kinderspiel- und Tennisplätze, Saunahaus. Die historische Alte Mühle erhält endlich wieder ihr Wahrzei-

* *

chen, das Mühlrad, und wandelt sich zum Restaurant, umgeben von Biergärten. Kein Zweifel mehr, das Ferien–, Sport– und Freizeitdorf Alt Madlitzer Mühle nimmt sichtbare Konturen an. Ein langer, beschwerlicher Weg seit jenen höllischen Tagen, da sich Friedrichs ausgelaugte Grenadiere nach der Kunersdorfer Blutorgie durch den Madlitzer Talgrund schleppten.

* *

Tag des offenen Denkmals am 13. 9. 1998

* *

Das Feld ist bestellt

Weder Kreidefelsen noch einsame Klosterruinen an verschneiten Gebirgshängen, wie sie Caspar David Friedrich auf die Leinwand zu bannen verstand, erwarten den Besucher in Madlitz. Nicht einmal Theodor Fontane, unser fraglos populärster märkischer Wanderer, läßt sich diesmal beleihen. Zwar fuhr er, von Fürstenwalde aus, im Landauer zum Gut in Steinhöfel, dessen Park er zu den schönsten zählte, die es in der Provinz gab, muß aber das nur wenige Kilometer entfernte Madlitz mit seinem erstrangigen Park einfach übersehen haben. Gewiß würde er heutzutage, setzte er seine erbaulichen "Wanderungen" fort, auch jenes Dorf beschreiben, das sich jetzt, am Ende des 20. Jahrhunderts, wieder in einem freundlicheren Licht zeigt.

Das eigentliche Motiv für sein Handeln, sagt Karl Wilhelm, des alten Kabinettsministers rühriger Vermächtnisbewahrer, sei die historische Bindung zu Madlitz gewesen. Allerdings werde er unter jenen Bäumen, die er gepflanzt habe, nicht mehr tanzen können. Was er getan habe, geschah für andere, zumindest für Spätergeborene. Er habe Madlitz als die Chance seines Alters begriffen, das Feld bestellt, in seinem Heimatort wieder Fuß gefaßt und fühle sich nirgends wohler als hier. Es scheint, als verkörpere er die Worte des Schriftstellers Bruno H. Bürgel von der Arbeit als dem einzigen Adelsbrief, der vor der Vernunft bestehen kann.

Den Finckensteins wird nachgesagt, Besitz nie vordergründig gesehen zu haben, sondern Landwirtschaft, Natur und Dorf als Einheit. Ersteht also mit dem Park und dem Schloß auch die Geschichte wieder? Die Zugkraft glanzvoller Namen vermag viel, wenngleich nicht alles. Jede Generation steht in der Pflicht, das Erbe ihrer Altvorderen sinnvoll einzusetzen, dann vielleicht hat Erinnerung Zukunft. Es gilt, auch in Madlitz Tradition und modernes Lebensbedürfnis dauerhaft zu verknüpfen, wieder ein Testament zu machen für ein neu er-

* *

standenes Kunstwerk. Warten wir also gefaßt den Lauf der Dinge ab, Landleben will betrieben sein, nicht gespielt.

Es gibt Orte, die poetischer klingen als Madlitz, das trotzdem eine Reise wert ist und seine Gäste bildet. Allein schon wegen eines der ältesten Landschaftsgärten Brandenburgs, der genau das zu bieten hat, was dem großstädtischen Spaziergänger im grauen Häusermeer nahezu abhanden gekommen ist: Beschaulichkeit und Muße jenseits von Stau und Enge. Als wir Madlitz, das längst nicht mehr heillose märkische Dorf, am Spätnachmittag verlassen, schwelt über dem hiesigen Landstrich der süßliche Geruch sonnengelber Rapsfelder. Und als herrsche weit und breit nur Friede auf Erden, tönt Lerchenjubel in den Lüften. Bis abermals bleicher Morgennebel durch Niederungen kriecht, Bäume und Sträucher im Rauhreif glitzern, erster Schnee Wald und Flur bedeckt. Dann gibt sich Madlitz erst recht dem stillen Gleichmaß dörflichen Lebens preis.

****

Anmerkungen

1. Madlitz: 1776 wird Neu Madlitz mit 18 Kolonistenstellen gegründet, was zur Namensänderung von Madlitz in Alt Madlitz führt. Im vorliegenden Buch belassen wir es bei Madlitz, da jenes Dorf von den Einheimischen so genannt wird.

2. Johanniterorden: geistlicher Ritterorden, der seinen Ursprung bis 1048 zurückführt, wo Kaufleute aus Amalfi zu Jerusalem eine Kirche gründeten nebst einem Mönchskloster, verbunden mit einem Hospital und einer dem Heiligen Johannes geweihten Kapelle; behauptete seine Selbständigkeit bis 1798.

3. Deutscher Orden: Der dritte zur Zeit der Kreuzzüge entstandene christl. Ritterorden, gegründet 1190, Verfall seit der Niederlage bei Tannenberg (1410) gegen die Polen, 1466 kam das Ordensland unter poln. Lehnshoheit, 1525 verwandelte es der Hochmeister Albrecht von Brandenburg in ein erbliches Herzogtum Preußen.

4. Reichsdeputation: im alten Deutschen Reich der reichsständische Ausschuß zur Erledigung gewisser Geschäfte; gebildet aus den Kurfürsten, einigen Fürsten und einer Deputation der Städte.

5. Spanischer Erbfolgekrieg (1701 – 1713/14): Als mit Karl II. die Habsburger in Spanien ausstarben, gelangte infolge Testamentsbestimmung mit Philipp V. (1701–1746), einem Enkel Ludwigs XIV., das Haus Bourbon auf den Thron, während Kaiser Leopold die spanischen Erblande für seinen Sohn Karl forderte. Philipp behauptete sich, mußte aber 1713 die span. Nebenländer Neapel, Sardinien, Mailand, die Niederlande und Sizilien abtreten. Sizilien erhielt er 1735 als span. Sekundogenitur (Erb– und Nachfolgerecht des zweitgeborenen Sohnes und seiner Nachkommen) zurück.

6. Siebenjähriger Krieg (Dritter Schlesischer Krieg, 1756–1763): Vom preuß. König Friedrich II., der von England unterstützt wurde, gegen Österreich, Rußland, Frankreich,

Sachsen/Polen, Schweden und die Reichsarmee geführt. Mit dem Friedensschluß zu Hubertusburg am 15. Februar 1763 beendet.

7. Bayrischer Erbfolgekrieg (1777–1779): Mit dem Tode des bayr. Kurfürsten Maximilian III. Joseph 1777 erlosch die wittelsbach–bayrische Linie, und Bayern kam an den Kurfürsten Karl Theodor von der Pfalz. Die nunmehr von Österreich geltend gemachten Ansprüche führten zum Bayr. Erbfolgekrieg zwischen Österreich und Preußen. Beendet wurde er am 13. Mai 1779 durch den Frieden von Teschen, in welchem Bayern nur das Innviertel an Österreich abtreten mußte.

8. Fürstenbund: Auf Veranlassung Friedrichs II. von Preußen 1785 zu Berlin zwischen Preußen, Sachsen und Hannover geschlossener, gegen die Übergriffe Josephs II. in Deutschland gerichteter Bund, dem sich später noch andere deutsche Fürsten anschlossen.

9. Fideikommiß (lat. "der Treue anvertraut"); Nach deutschem Recht die Bestimmung, daß ein gewisses Vermögensobjekt zur Erhaltung des Familienglanzes für alle Zeiten unveräußerlich bei einer bestimmten Familie verbleiben und nach einer bestimmten Sukzessionsordnung, meist nur im Mannesstamm, forterben solle, dann auch dieses Vermögensobjekt selbst, meist ein Grundstück von größerem Umfang (Rittergut).

10. Patronat: Gönner, Beschützer; einer, dem das Recht, gewisse Stellen zu besetzen, zusteht, insbes. Kirchenpatron oder Patronatsherr – zumeist Besitzer eines Rittergutes.

11. Rokoko: der in Frankreich entstandene, im 18. Jahrhundert aus dem Barock sich entwickelnde Kunststil; gekennzeichnet durch reichliche, verschnörkelte Formen und überwuchernde Verzierungen, vor allem in der Bauornamentik, bei Möbeln und der Kostümmode.

12. Biedermeierstil: Kunststil in der Zeit des Vormärz (1815–1848)

13. Friedrichsdor: preußische Goldmünze, 1750–1855 geprägt – fünfzweidrittel Taler

****

Quellenverzeichnis

Ahrendt, Hannah: Rahel Varnhagen. Lebensgeschichte einer deutschen Jüdin aus der Romantik. Mit einer Auswahl von Rahel-Briefen und zeitgenössischen Abbildungen. R.Piper & Co Verlag, München, 1959.

Benninghoven, Friedrich; Börsch-Supan, Helmut; Gundermann, Iselin: Friedrich der Große. Ausstellung des Geheimen Staatsarchivs Preußischer Kulturbesitz. Anläßl. des 200. Todestages König Friedrichs II. von Preußen. Geheimes Staatsarchiv Preußischer Kulturbesitz. 2., durchgesehene Auflage, Berlin 1986.

Berghaus, Heinrich: Landbuch der Mark Brandenburg und des Markgrafentums Niederlausitz in der Mitte des 19. Jahrhunderts oder geographisch-historisch-statistische Beschreibung der Provinz Brandenburg. 3 Bände, 1854-1856.

Bieder, H.: Friedrich der Große nach der Schlacht bei Kunersdorf in Reitwein. Kreiskalender Lebus 8, 1915, Seite 37-53 m. Abb.

Borchert, Friedrich: Burgen, Städte, Deutsches Land. Baudenkmäler in Ost- und Westpreußen und ihre Geschichte. Mahnert-Lueg Verlag, Essen, 1991.

Brandenburgische Denkmalpflege. Herausgegeben vom Brandenburgischen Landesamt für Denkmalpflege. Verlag Willmuth Arenhövel, Berlin, Jahrgang 5, 1996, Heft 2.

Bratring, F. W. A.: Beschreibung der gesamten Mark Brandenburg. 3. Band, Berlin 1809.

Brockhaus' Kleines Konversations-Lexikon, 5., vollständig neubearbeitete Auflage in zwei Bänden, F.A. Brockhaus, Leipzig 1906.

Carlyle, Thomas: Friedrich der Große. Ausgewählt und eingeleitet von Karl Linnebach, mit Bildern nach Originalen von A.v.Menzel. Verlag von Th. Knaur Nachf., Berlin 1929.

****

Die Bezirke Cottbus und Frankfurt/Oder. Bearbeitet im Institut für Denkmalpflege, Akademie–Verlag, Berlin 1987.

Engel, Hans–Ulrich: Schlösser und Herrensitze in Brandenburg und Berlin, 1959.

Feldmeyer, Karl: Schwierige Heimkehr. Neusiedler auf altem Boden. Wolf Jobst Siedler Verlag GmbH, Berlin 1997.

Fontane, Theodor: Wanderungen durch die Mark Brandenburg. Zweiter Teil. Das Oderland Barnim–Lebus. Herausgegeben von Gotthard Erler und Rudolf Mingau. 3. Auflage, Aufbau–Verlag Berlin und Weimar, 1987.

Friedrich der Große: Gedanken und Erinnerungen. Herausgegeben von Woldemar von Seidlitz. Emil Vollmer Verlag.

Handbuch der historischen Stätten Deutschlands. Berlin und Brandenburg, S. 224–232. Herausgegeben von Gerd Heinrich, Alfred Kröner Verlag, Stuttgart 1985.

Heimatbrief: Heimatkreis Westernberg e.V. , Heft 25., Juni 1998.

Heimatkalender Fürstenwalde 1965. Alt Madlitz: Vom Rittergut zur LPG "Fortschritt". S. 67–70.

Historisches Ortslexikon Lebus. 1983.
Alt Madlitz: Seite 266–269; Wilmersdorf: Seite 453–455.

Kathe, Heinz: Der "Soldatenkönig". Akademie–Verlag, Berlin 1978.

Kieling, Uwe: Berlin. Baumeister und Bauten. Von der Gotik bis zum Historismus.
VEB Tourist Verlag Berlin–Leipzig, 1987.

Kießlings Reisebücher: Wanderbuch für die Mark Brandenburg und angrenzende Gebiete. Erster Teil. Nähere Umgegend Berlins. 5. Auflage, bearbeitet von Prof. Dr. E.Albrecht, Verlag von Alexius Kießling, Berlin 1901.

Kirchen im Oderbruch. Herausgegeben von Hans–Georg Rieger und Günter–Alexander von Wittich im Namen des Heimatkreises Lebus. Eigenverlag des Heimatkreises Lebus 1992, S. 62–67.

* *

Klemm, Volker; Meyer, Günter: Albrecht Daniel Thaer. Pionier der Landwirtschaftswissenschaften in Deutschland. VEB Max Niemeyer Verlag Halle (Saale), 1968.

Klinkenborg, Melle und Joachim, Ernst: Familiengeschichte des Gräflich Finck von Finckensteinschen Geschlechts. Bd. 1 und 2. Berlin 1920/21.

Kugler, Franz: Geschichte Friedrichs des Großen. Geschrieben von Franz Kugler. Gezeichnet von Adolph Menzel. Verlag von E.A. Seemann, Leipzig, S. 418–428.

Kunstdenkmäler des Kreises Lebus: 1909, Alt Madlitz. Seite 189–191. Madlitzer Kirchenbuch, Ausgabe vom 29. Juni 1835.

Märkischer Dichtergarten: Friedrich August Ludwig von der Marwitz. Nachrichten aus meinem Leben. Herausgegeben mit Anmerkungen und einem Nachwort versehen von Günter de Bruyn. Buchverlag Der Morgen, 1. Auflage, Berlin 1989.

Märkischer Dichtergarten: Rahels erste Liebe. Rahel Levin und Karl Graf von Finckenstein in ihren Briefen. Nach den Originalen herausgegeben und erläutert von Günter de Bruyn. Buchverlag Der Morgen, 1. Auflage, Berlin 1985.

Marwitz, Friedrich August Ludwig von der: Ein märkischer Edelmann im Zeitalter der Befreiungskriege. Hrsg. Friedrich Meusel, Bd. 1, Berlin 1908.

Monatsblätter des Touristenklubs für die Mark Brandenburg, Bd. 39, 1934, Seite 21–31. Aufsatz über märkische Musensitze.

Monatsblätter des Touristenklubs für die Mark Brandenburg, Jahrgang 18, Nr. 10, 1909, Seite 143–147.

Neumann, Wilhelm: Eine Wanderung nach Alt–Madlitz. In: Monatsheft Frankfurt–Information. Jahrgang 13/1982, Nr. 6, Seite 26–17.

Nicolai, Friedrich: Beschreibung der königlichen Residenzstadt Berlin. Verlag Philipp Reclam jun., Leipzig 1987.

****

Reimann, Paul: Hauptströmungen der deutschen Literatur 1750–1848. 2. überarbeitete und erweiterte Auflage, Dietz Verlag GmbH, Berlin 1963.

Sammlung Nagel im Archiv der Landesgeschichtlichen Vereinigung für die Mark Brandenburg, Berlin (Zeitungsartikel).

Schröder, Paul: Reitweinische Merkwürdigkeiten, Geschichte des Dorfes Reitwein im Oderbruch. Selbstverlag des Verfassers, 1904.

Scurla, Herbert: Begegnungen mit Rahel. Verlag der Nation, Berlin, 1964.

Stillfried–Acantara, Graf R.; Bernhard Kugler: Die Hohenzollern und das Deutsche Vaterland. 7. Auflage, Verlag von F. A. Berger, Leipzig.

Tieck, Ludwig: Schriften in zwölf Bänden. Bd. 6, Phantasus. Herausgegeben von Manfred Frank. Deutscher Klassiker Verlag, Frankfurt/Main 1985.

Trinius, August: Märkische Streifzüge. Neue Folge. Verlag Schmidt & Sternaux, Berlin 1885.

Varnhagen, Rahel: Briefwechsel mit Alexander von der Marwitz, Karl von Finckenstein, Wilhelm Bokelmann, Raphael d'Urquigo. Herausgegeben von Friedhelm Kemp. Kösel–Verlag. München 1966.

Varnhagen, Rahel: Briefwechsel, Bd. III. Rahel und ihre Freunde. Winkler Verlag, München, 1979.

Vilmar, A.F.C.: Geschichte der Deutschen National–Literatur. Marburg und Leipzig, 1890.

Wohlbrück, S.: Geschichte des Bistums Lebus. Alt Madlitz. Bd. III, Berlin 1832, S. 316–320.

****

Personenregister

(bei Regenten bzw. Staatschefs ist die Regierungszeit angegeben)

****

****

****

****

****

✻✻

Der Autor

Ekkehard R. Bader,

Jahrgang 1941, lebt seit 30 Jahren in Berlin, ab 1978 freischaffender Autor und Fotograf, Mitglied des Verbandes Deutscher Schriftsteller/Brandenburg.

Nach dem Abitur Studium der Geschichte und Journalistik.

Frühzeitige Beschäftigung mit dem Werdegang Brandenburg–Preußens, den herausragenden Persönlichkeiten, die jener deutsche Territorialstaat hervorgebracht hat, seiner Landschaft und Architektur; zahlreiche Streifzüge durch märkische Städte und Dörfer.

Vorträge, Lesungen sowie Ausstellungen (Landschaft und Architektur der Mark Brandenburg – Grafiken, Aquarelle, Fotos) im Berliner und Potsdamer Urania–Haus, in Bibliotheken und Schlössern.

bisherige Publikationen:

Unbekannte Mark Brandenburg. Stapp Verlag, Berlin 1991; 2. Auflage 1992

Spurensuche zwischen Zeitenwenden. Verlag Bock & Kübler, Berlin – Fürstenwalde 1993

Die Verschwörung der Raubritter. Sagen und Märchen aus Köpenick und der Müggellandschaft. Verlag Bock & Kübler, Berlin – Fürstenwalde 1996

Zauber im Tal der Spree. Geschichte und Geschichten entlang der Spree. Verlag Bock & Kübler, Berlin – Fürstenwalde 1996

Schloßpartien. Ausflugstips zu 80 ausgewählten Schlössern Brandenburgs. Verlag Haude & Spener, Berlin 1997